영어로 통독암송

정철의 사도행전

Acts

학습자

서약서

1.

사도행전 통독 · 암송의 시간을 통해 역사하실 하나님을 기대하며
매 학습 전 기도로 시작하겠습니다.

2.

요일과 시간을 정하여 꾸준히 학습하겠습니다.

3.

처음부터 배운데까지 누적하여 통독 · 암송하겠습니다.

4.

본문의 말씀을 묵상하며 얻은 깨달음을 삶에 적용시키겠습니다.

5.

학습 과정 가운데 얻은 은혜가 있다면 유튜브에 댓글로 남겨
많은 분들과 함께 은혜를 나누겠습니다.

년 월 일

(인)

본 교재는 정철 선생님의 '사도행전 영어로 통독 암송' 유튜브 강의의 워크북입니다.
강의 영상은 YouTube '정철영어성경TV' 채널에서 무료로 시청 가능하며, 원어민 음성과 함께 쉐도잉 할 수 있는 영상도 본 채널에서 함께 제공합니다.

왜 사도행전인가요?

사도행전은 예수님이 승천하신 뒤에 복음이 퍼져나가는 선교 역사를 담고 있는 책입니다.
사도행전에서의 성령의 일하심은 사람 사이의 다양한 일들을 통해 나타납니다.
이 세상 속 모든 일들이 하나님의 깊은 뜻 안에 움직임을 느낄 수 있습니다.

이는 오늘날 우리가 살아가는 세상과 결코 다르지 않습니다.
성령의 일하심이 당장 우리 눈에 보이지 않는 것 같아도 성령께서는 분명 일하고 계십니다.

교회를 습관적으로 다니는 행태, 사도행전적 생각이 줄어든 이 세대에
오늘 이 순간에도 동일하게 역사하고 계시는 성령님을 보게 되기를 바랍니다.

어떤 방식으로 학습하나요?

정철 선생님의 A.D. 학습법으로 본 성경말씀을 학습합니다.
영어성경을 기존 문법 위주의 분석식 학습이 아닌 청크 (영어의 의미 묶음) 단위로 뜻을 이해하고, 낭송하며 암송하는 방식입니다.
* A.D. 학습법에 대한 자세한 내용은 본 교재 (p. 06) '영어가 뻥 뚫리는 [A.D. 학습법]'에서 설명되어 있습니다.

왜 암송인가요?

많은 분들이 암송과 암기를 동일 선상에서 생각하며 어려운 것이라 여기지만 암송과 암기에는 큰 차이가 있습니다.
암기는 머리로 기억하기 위하여 억지로 외우는 방식으로, 결국은 잊어버리게 됩니다.
반면 암송은 입으로 소리내어 반복 낭송하는 방식으로 바위에 글씨가 새겨지듯 저절로 기억되게 됩니다.

본 교재를 어떻게 활용하나요?

1. YouTube '정철영어성경TV' 채널에 업로드 되는 정철 선생님의 강의를 필수로 시청해주시기 바랍니다.
2. 본문 말씀으로 Listen / Understand by chunk / Listen & Repeat / Shadow 형태로 진행됩니다.
3. 본 교재와 강의로 그룹 스터디를 진행하는 것을 추천드립니다.
   학습 진도를 함께 체크하고 암송한 내용을 공유하면 학습 완수율이 더 높아지실 거에요!

편저자 정철

1971년, 22세의 나이로 영어 선생이 되어 1979년 '정철카세트'로 영어교육계에 돌풍을 일으킨 이후 지금까지 수많은 저술과 강의로 효과적인 '영어학습법'을 보급하고 있다. 저서로 1998년 발표하여 150만 명 이상이 읽은 《정철영어혁명》과 2010년에 발표한 《대한민국 스피킹 살리기》가 있으며, 학원과 유튜브 교재를 다수 저술했다. 또, 2006년 1월부터 2008년 12월까지 3년간 CTS를 통해 "대한민국 죽은 영어 살리기"라는 제목으로 총 215시간의 영어성경/영어설교 특강을 방송하여 영어성경 돌풍을 일으켰고, 2010년부터 2018년까지 9년간 극동방송에서 '정철의 성경말씀 영어로 암송하기'를 방송했다. 현재는 젭스의 이사장이자, 유튜브 채널 '정철영어성경TV'를 통해 영어성경 강의를 재미있게 진행 중이다.

유튜브 영상과 교재를 효과적으로 공부하는 방법

YouTube

본 학습용 강의 및 Listen & Shadow 영상은 '정철영어성경TV' 유튜브 채널 (youtube.com/@JCEBTV)에서 시청할 수 있습니다.

1. 강의영상

◆ **Listen**
문장을 보지 않고, 배울 내용을 먼저 소리로 들어보는 부분

◆ **Understand by chunk**
정철 선생님의 내용 설명과 함께 궁금한 순서로 흐르는 영어를 청크 단위로 의미를 익히고 리듬 & 강세 살려 듣고 따라 하는 부분

◆ **Listen & Repeat**
조금 더 긴 청크 단위로 듣고 따라 하는 부분

◆ **Shadow**
배운 내용을 원어민 음원에 맞춰 동시에 따라 하는 부분

2. Listen & Shadow 영상

◆ 처음부터 배운 데까지 원어민 음원에 맞춰 동시에 따라 읽을 수 있는 영상입니다.
매 강의 영상 시청 완료 후 Listen & Shadow 영상으로 누적 낭송을 반복하면 어느새 암송이 됩니다.

영어가 뻥 뚫리는 [A.D. 학습법]

나는 22살부터 지금까지 50년이 넘도록 영어를 가르쳐왔다.
평생토록 연구하며 가르치다 보니 아는 것도 많아지고 가르치는 기술도 좋아져서,
한 때는 세계 최고 수준의 영어선생이라고 스스로 자부하기도 했었다.
그러면서도 항상 머릿속에 맴도는 의문이 있었다.
"이렇게 밖에는 안 되는 것일까?"
"좀 더 쉽고 재미있게 영어를 가르칠 수 있는 방법이 없을까?"

내가 처음 미국에 갔을 때, 나는 아주 조그만 어린 아이들이 유창하게 영어를 하는 것을 보고
충격을 받았다. 우리나라에서는 그토록 어렵게 배워도 잘 안 되는 영어를,
태어난 지 5~6년 밖에 안 되는 아이들이 어떻게 그렇게 쉽게 할 수 있단 말인가?
분명히 내가 모르는 원리가 어딘가에 숨어 있다고 생각했다.
영어교육에 관한 광범위한 서적들을 읽고 국제적인 세미나에도 열심히 참여하면서
그 비밀을 찾으려 애썼다.
그러나 시원한 해답을 얻을 수 없었다.

그러다가 1998년 큰 아들의 인도로 교회에 나가기 시작했다.
성경을 읽기 시작했다.
창세기 11장에서
"태초에 온 인류는 한 가지 언어를 가지고 있었으나 하나님께 범죄하여 수많은 언어로 갈라졌다."
에 충격을 받았다.

그러다가, 사도행전 2장에서 "오순절날 성도들이 모여서 기도하다가 성령이 내려오셔서
외국어의 입들을 열어 주셨다" 는 것을 읽고 더 큰 충격을 받았다.
"아하! 언어를 닫고 여는 것도 하나님이 하시는구나!"

기도하기 시작했다.

“아버지, 모든 언어를 아버지께서 만드셨으니,
누구나 쉽게 영어를 배울 수 있는 원리를 가르쳐 주시고, 입과 귀를 열어주세요.” 라고
줄기차게 기도했다.
얼마 지나지 않아서, 해답을 주시기 시작했다.
보기에는 복잡하게 보이지만,
결국 6가지의 청크가 궁금한 순서로 나열되는 것이 영어문장이며,
그것을 제대로 터득하는 방법은 좋은 문장을 소리내서 반복낭송하는 것이라는 것을 가르쳐 주셨다.
영어를 보는 시각이 바뀌면서 영어가 엄청나게 쉬워졌다.
이 때를 기점으로 나의 영어교수법은 완전히 달라졌다.

우리 연구소에서는 이 새로운 교수법을 [A.D. 교수법]이라고 하고,
그 이전의 교수법을 [B.C. 교수법]이라고 한다.
이 교재에서 사용하는 교수법이 바로 영어가 엄청나게 쉬워지는 [A.D. 교수법]이다.

하나님을 알고 난 뒤 또 한 가지 획기적인 사건은 바로 세계 최고의 영어교재를 발견한 것이다.
바로 영어성경이다.
영어성경은 내가 지금까지 보아온 중 가장 좋은 영어교재다.
문장이 아름답고, 문법도 정확하고, 어휘도 풍부해서 영어성경을 잘 활용하기만 한다면
단숨에 상당한 수준에 도달할 수 있다.
또한 말씀을 영어로 반복해서 암송할수록 성경 자체가 가지고 있는 영적 능력이
생수처럼 흘러나와 자신도 모르게 성령으로 충만해지고 급기야는 영어가 뻥 터지게 된다.

이러한 원리를 바탕으로 2006년부터 3년간 CTS 기독교TV를 통해서

"대한민국 죽은 영어 살리기"라는 제목으로 영어성경과 영어설교에 관한 강의를 방송했고,

2010년부터 2018년까지 매일 아침 8시에 극동방송 라디오를 통해서

[요한복음 영어로 듣고 말하기], [영어로 복음 전하기], [성경말씀 영어로 암송하기],

[야고보서 영어로 통째 암송] 등을 방송했다.

매일 아침 10분 남짓 방송되는 짧은 강좌였지만, 이것을 듣고

"영어가 너무 쉬워졌다."

"포기했던 영어에 자신이 생겼다."

"말씀이 뼛속까지 스며드는 것 같다."

"고등학생인데 모의고사 성적이 쑥 올랐다."

"단기선교 가서 영어로 복음을 전할 수 있어서 너무 행복했다."

등의 수강평이 많이 올라왔다.

2018년부터는 화면을 보면서 좀더 쉽게 공부할 수 있도록,

유튜브를 통해서 전세계로, [요한복음 영어로 통독 암송], [영어로 복음 전하기],

[야고보서 영어로 통독 암송], [요나서 영어로 통독 암송], [요한일서 영어로 통독 암송],

[산상수훈 영어로 통독 암송], [요셉 이야기 영어로 통독 암송],

[로마서 8장 영어로 통독 암송] 등을 암송했고,

이번에는 [사도행전 영어로 통독 암송]을 방송한다.

"하나님의 말씀은 살아 있고 활력이 있어 좌우에 날선 어떤 검보다도 예리하여

혼과 영과 및 관절과 골수를 찔러 쪼개기까지 하며

또 마음의 생각과 뜻을 판단하나니

지으신 것이 하나도 그 앞에 나타나지 않음이 없고

우리의 결산을 받으실 이의 눈 앞에
만물이 벌거벗은 것 같이 드러나느니라." (히브리서 4:12-13)

암송된 말씀은 핵미사일처럼 날아가서 듣는 사람과 말하는 사람의 혼과 영을
찔러 쪼개고 벌거벗기며 근본적으로 변화시킨다.

모세가 죽은 뒤 리더가 된 여호수아에게 하나님은
"강하고 담대하고, 두려워하지 말라."
하시면서 다음과 같은 말씀을 주셨다.

"이 율법책을 네 입에서 떠나지 말게 하며 주야로 그것을 묵상하여 그 안에 기록된 대로
다 지켜 행하라 그리하면 네 길이 평탄하게 될 것이며 네가 형통하리라" (여호수아 1:8)

그분의 말씀을 밤낮으로 묵상하라는 계명이시다.
여기서 "묵상"하라고 하는 말의 히브리 원어는
일반적인 묵상과는 다른 의미를 가지고 있다.
보통 "묵상하다" (meditate)라고 하면 조용히 생각하고 연구하는 것으로 느껴진다.
하지만 히브리 원어 "하가 (הגה)"의 실제적 의미는
"읊조리다, 중얼거리다" (murmur) 혹은 "신음소리를 내다" (growl)이다.
그것은 사자의 으르렁거리는 소리나 비둘기의 구구소리 등
동물이 내는 소리를 묘사하는 데 더 자주 사용되었다.
따라서 여기서 묵상하라는 말씀은
그 말씀이 화살처럼 우리의 심령에 깊이 박히고 새겨질 때까지
주야로 끊임없이 큰 소리로 반복해서 외치라는 것이다.
그러면 "네 길이 평탄하게 되며, 모든 일에 형통"하게 되며,

또한 이 말씀들을 영어로 암송할 때
그 안에 깃들어 있는 신령한 영적 능력이 뿜어나와 영어 입을 열어주시는 것이다.

이 “사도행전 영어로 통독 암송” 줄여서 [사도행전]의 본문은,
우리말은 [개역개정],
영어는 [NIV 2011]에서 인용하였다.

과거의 일본식 영어에서 벗어나 누구나 쉽고 재미있게 말씀을 암송할 수 있게 만들었다.
외워지지 않는 것을 강제로 외우는 옛날식 방식이 아니다.
그저 자연스럽게 순서대로 따라가다 보면 저절로 영어로 말씀을 암송하는 새로운 방법이다.

유튜브를 보면서 공부하거나, 교회 주일학교나 학교에서 선생님의 지도를 받으며
공부할 수 있도록 Workbook 형식으로 만들어졌다.

그러면, 영어가 쉬워지는 새로운 원리를 간단히 설명 드린다.

영어가 쉬워지는
새로운 원리

첫째 원리 영어문장은 **궁금한 순서**로 흘러간다

<궁금한 순서 어순감각>

영어는 원래 쉬운 언어다.

단지 어렵게 배워서 잘 못하는 것뿐이다.

영어의 기본 원리는 단 한가지,

바로, **'궁금한 순서로 말한다'** 는 것이다.

높은 곳에서 물을 부으면 낮은 곳을 찾아서 이리저리 자연스럽게 흘러가는 물처럼

영어는 일단 '주어+동사'로 말을 시작해 놓으면

꼬리를 무는 궁금증을 따라서 저절로 흘러가게 되어있다.

요한복음 1장 12절 말씀을 가지고 살펴보자.

To all	모두에게
	(모두 누구?)
who received him,	그분을 영접한
	("누구?" 하고 궁금하면 이렇게 who로 받는다.)
to those	그들에게
	(그들 누구? 또 who로 받는다.)
who believed	믿는
	(뭘 믿는데?)
in his name,	그분의 이름을
	(그 사람들에게 뭘 했는데?)
he gave the right	그분은 권리를 주셨다
	(무슨 권리?)
to become children	자녀가 되는
	(누구의 자녀?)
of God.	하나님의

이런 식으로 한마디가 나오면 그에 따르는 궁금함이 생기고

그 궁금한 것에 대해 답을 하면 또 그에 따른 새로운 궁금함이 생겨서

꼬리가 계속 이어져 나간다.

영어문장은 어떤 것이든지 바로 이 간단한 원리에 의해 흘러간다.

이 원리 하나만 터득해도 영어가 엄청나게 쉬워지고,

영어성경을 얼마든지 읽고 이해하고, 말할 수 있다.

<영어를 만드는 여섯 개의 청크>

영어가 흘러가는 모습을 자세히 관찰해 보면

낱개 단어로 움직이는 것이 아니라, 단어들이 몇 개씩 모여서 덩어리로 진행된다.

이 덩어리를 **'청크(chunk)'**라고 한다.

종류는 6가지다.

1) 주어+동사 청크

2) 전명구(전치사+명사) 청크

3) 준동사 청크 ① to 부정사

4) 준동사 청크 ② ing

5) 준동사 청크 ③ p.p

6) 접속사절 청크

아까 했던 요한복음 1장 12절을 다시 살펴보자.

To all who received him,
(전명구) (접속사절)

to those who believed in his name,
(전명구) (접속사절) (전명구)

he gave the right to become children of God.
(주어동사 청크) (to 부정사) (전명구)

어떤가? 아무리 봐도 이 6가지 청크 밖에 없지 않은가?

옛날식 방법으로 어렵게 영어를 배우다 보면, 영어의 구조가 꽤 복잡하게 느껴지지만

알고 보면 이 6가지의 청크를 궁금한 순서로 말하는 게 영어문장의 전부다.

지금까지 어렵게 배우던 문법도 결국 이 청크들을 복잡하게 설명한 것뿐이다.

쉽게 배워서 쉽게 쓰면 영어가 쉬워진다.

(좀 더 자세한 내용은 영어혁명 2편 [대한민국 스피킹 살리기]를 읽어보시라. 영어성공희망자 필독서)

둘째 원리 강세와 리듬을 알아야 영어가 된다

영어 소리의 비결은 강세와 리듬에 있다.

영어에는 영어만의 독특한 리듬이 있다.

중요한 단어들은 강하고 길게 말하고, 나머지 단어들은 약하고 짧게 발음한다.

강하고 길게 소리 나는 음절들이 거의 일정한 간격으로 말해지면서

파도치듯 박자가 맞춰지는 것이 바로 영어의 강세와 리듬이다.

어순과 청크를 아는 것도 중요하지만

그것들이 제대로 힘을 받으려면 강세와 리듬이 들어가야 한다.

강세와 리듬이 없다면

근육과 인대로 이어지지 않은 뼈들처럼 단어들이 와르르 무너지기 때문이다.

영어가 숙달되는 가장 좋은 방법은 영어문장을 박자 맞춰 읽는 것이다.

이 교재로 공부하면서,

매일같이 본문을 궁금한 어순감각을 느끼며 박자 맞춰 읽어보시라.

얼마 안 가서 영어가 뻥 뚫리는 것을 경험하게 될 것이다.

(자세한 내용은 영어혁명 1편 [대한민국 죽은영어 살리기]의 [Chapter 15. 영어가 '뻥' 뚫리는 강력한 리듬훈련] 참조)

교재의 **구성**

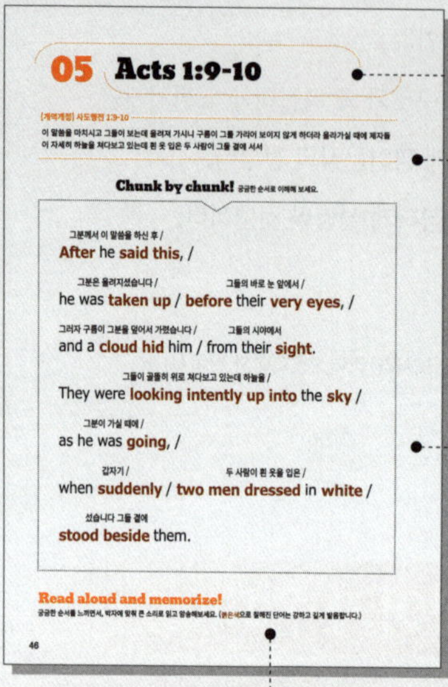

Words title!

암송할 성경 말씀 장.절을 표기하였다.

우리말 성경!

암송할 영어 성경 말씀에 해당하는 우리말 번역본으로 개역개정을 사용하였다.

Chunk by chunk!

암송할 영어성경 말씀을 궁금한 순서로 읽고 이해하는 단계이다.
본문의 내용을 청크 단위로 읽으면서 영어성경을 쉽게 이해하게 된다.
(영어의 강세와 리듬을 익히도록 강세를 받는 단어들을 붉은색으로 표기했다.)

Read aloud and memorize!

영어의 강세와 리듬을 터득하도록 본문을 큰소리로 박자에 맞춰 읽고 암송하는 단계이다.

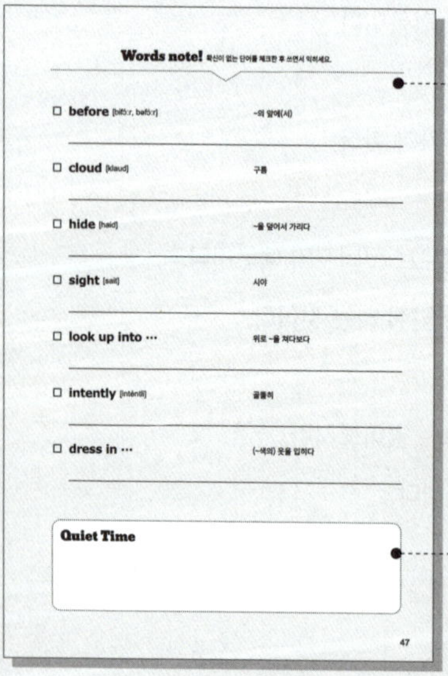

Words note!

중요 단어들의 뜻을 쓰면서 익히는 단계이다.

Quiet Time

오늘 나에게 주신 말씀을 묵상할 수 있는 공간이다.

Remember and write.

본문을 보지 않고 우리말 힌트를 참고하여
쓰고, 암송하여 또 한 번 쓰는 단계이다.

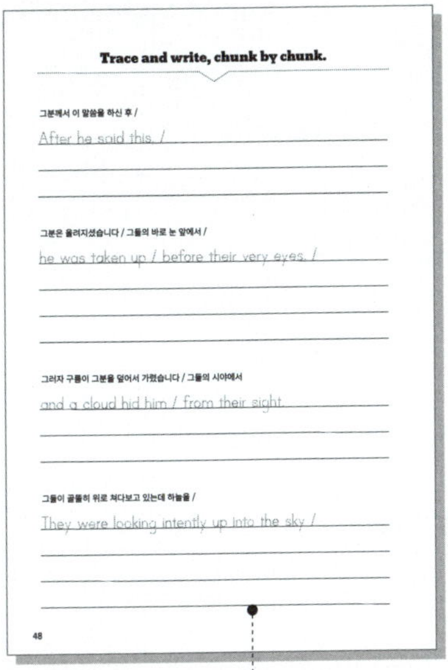

Trace and write, chunk by chunk.

그분께서 이 말씀을 하신 후 /
After he said this. /

그분은 올려지셨습니다 / 그들의 바로 눈 앞에서 /
he was taken up / before their very eyes. /

그러자 구름이 그분을 덮어서 가렸습니다 / 그들의 시야에서
and a cloud hid him / from their sight.

그들이 골똘히 위로 쳐다보고 있는데 하늘을 /
They were looking intently up into the sky /

48

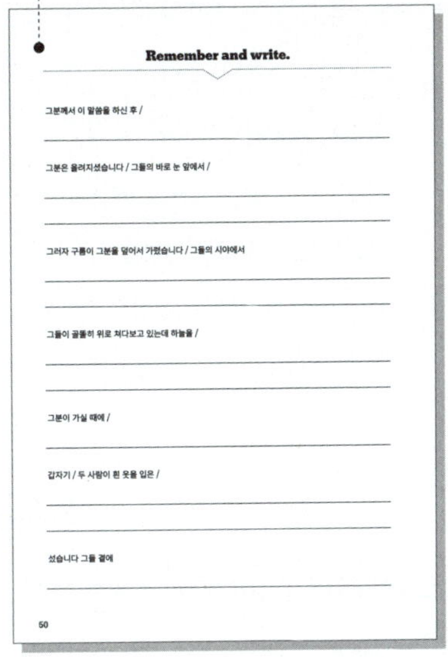

Remember and write.

그분께서 이 말씀을 하신 후 /

그분은 올려지셨습니다 / 그들의 바로 눈 앞에서 /

그러자 구름이 그분을 덮어서 가렸습니다 / 그들의 시야에서

그들이 골똘히 위로 쳐다보고 있는데 하늘을 /

그분이 가실 때에 /

갑자기 / 두 사람이 흰 옷을 입은 /

섰습니다 그들 곁에

50

Trace and write, chunk by chunk.

우리말을 보며 궁금한 순서대로 흘러가는 어순감각을
느끼면서 영어 문장을 베껴 쓰는 단계이다.

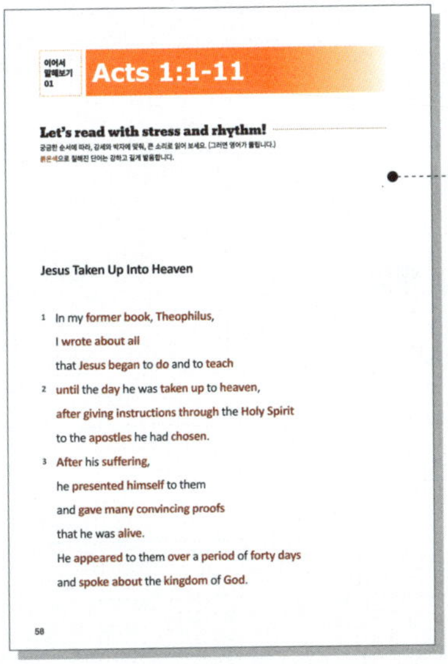

이어서 말해보기 01

Acts 1:1-11

Let's read with stress and rhythm!

궁금한 순서에 따라, 강세와 박자에 맞춰, 큰 소리로 읽어 보세요. (그러면 영어가 들립니다.)
붉은색으로 칠해진 단어는 강하고 길게 발음합니다.

Jesus Taken Up Into Heaven

1 In my former book, Theophilus,
I wrote about all
that Jesus began to do and to teach
2 until the day he was taken up to heaven,
after giving instructions through the Holy Spirit
to the apostles he had chosen.
3 After his suffering,
he presented himself to them
and gave many convincing proofs
that he was alive.
He appeared to them over a period of forty days
and spoke about the kingdom of God.

58

이어서 말해보기!

여러 Unit에 걸쳐 공부한 내용을 이어서
강세와 리듬에 맞춰 읽는 단계이다.
강세와 리듬을 넣어 반복해서 읽다 보면
내용이 정리되고 어순감각이 트이게 된다.

TABLE OF CONTENTS

Chapter 01

Jesus Taken Up Into Heaven

Chapter 02

Matthias Chosen to Replace Judas

Chapter 03

The Holy Spirit Comes at Pentecost

Chapter 04

Peter Addresses the Crowd

Chapter 05

The Fellowship of the Believers

Appendix

01

Jesus Taken Up Into Heaven

01 Acts 1:1-2

[개역개정] 사도행전 1:1-2

데오빌로여 내가 먼저 쓴 글에는 무릇 예수께서 행하시며 가르치시기를 시작하심부터 그가 택하신 사도들에게 성령으로 명하시고 승천하신 날까지의 일을 기록하였노라

Chunk by chunk! 궁금한 순서로 이해해 보세요.

Jesus Taken Up Into Heaven

(하늘로 올려지신 예수님)

나의 이전 책에서 / 데오빌로님 /

In my **former book**, / **Theophilus**, /

나는 썼습니다 모든 것에 대해서 /

I **wrote about all** /

예수님께서 시작하신 행하기 / 그리고 가르치기 /

that **Jesus began** to **do** / and to **teach** /

그 날까지 / 그분께서 하늘로 올려지신 /

until the **day** / he was **taken up** to **heaven**, /

명령하신 후에 / 성령을 통해 /

after giving instructions / **through** the **Holy Spirit** /

사도들에게 / 그분께서 선택하신

to the **apostles** / he had **chosen**.

Read aloud and memorize!

궁금한 순서를 느끼면서, 박자에 맞춰 큰 소리로 읽고 암송해보세요. (붉은색으로 칠해진 단어는 강하고 길게 발음합니다.)

Words note! 확신이 없는 단어를 체크한 후 쓰면서 익히세요.

- ☐ **former** [fɔ́:rmər] 과거의, 이전의
- ☐ **write** [rait] 쓰다
- ☐ **begin** [bigín] ~하기 시작하다
- ☐ **do** [du, də; (강) du:] ~을 하다, 행하다
- ☐ **teach** [ti:ʧ] 가르치다
- ☐ **be taken up to heaven** 하늘로 올려지다, 승천하다
- ☐ **give instructions** 명령을 하다
- ☐ **the Holy Spirit** 성령
- ☐ **apostle** [əpɑ́sl] 사도
- ☐ **choose** [ʧu:z] ~을 고르다, 선택하다

Trace and write, chunk by chunk.

하늘로 올려지신 예수님

Jesus Taken Up Into Heaven

나의 이전 책에서 / 데오빌로님 /

In my former book, / Theophilus, /

나는 썼습니다 모든 것에 대해서 /

I wrote about all /

예수님께서 시작하신 행하기 / 그리고 가르치기 /

that Jesus began to do / and to teach /

그 날까지 / 그분께서 하늘로 올려지신 /

until the day / he was taken up to heaven. /

명령하신 후에 / 성령을 통해 /

after giving instructions / through the Holy Spirit /

사도들에게 / 그분께서 선택하신

to the apostles / he had chosen.

Remember and write.

하늘로 올려지신 예수님

나의 이전 책에서 / 데오빌로님 /

나는 썼습니다 모든 것에 대해서 /

예수님께서 시작하신 행하기 / 그리고 가르치기 /

그 날까지 / 그분께서 하늘로 올려지신 /

명령하신 후에 / 성령을 통해 /

사도들에게 / 그분께서 선택하신

Remember and write.

02 Acts 1:3

[개역개정] 사도행전 1:3

그가 고난 받으신 후에 또한 그들에게 확실한 많은 증거로 친히 살아 계심을 나타내사 사십 일 동안 그들에게 보이시며 하나님 나라의 일을 말씀하시니라

Chunk by chunk! 궁금한 순서로 이해해 보세요.

그분의 고난 후 /
After his **suffering**, /

그분은 친히 나타내셔서 그들에게 /
he **presented himself** to them /

주셨습니다 많은 유력한 증거들을 /
and **gave many convincing proofs** /

그분이 살아 계시다는
that he was **alive**.

그분은 그들에게 나타나셔서 / 사십 일의 기간 동안 /
He **appeared** to them / **over** a **period** of **forty days** /

말씀하셨습니다 하나님의 왕국에 관하여
and **spoke about** the **kingdom** of **God**.

Read aloud and memorize!

궁금한 순서를 느끼면서, 박자에 맞춰 큰 소리로 읽고 암송해보세요. (붉은색으로 칠해진 단어는 강하고 길게 발음합니다.)

Words note! 확신이 없는 단어를 체크한 후 쓰면서 익히세요.

☐ **suffering** [sʌfəriŋ] 고통, 고난

☐ **present** [préznt] (특정한 방식으로) 보여 주다, 나타내다

☐ **give** [giv] 주다

☐ **convincing** [kənvínsiŋ] 설득력이 있는, 유력한

☐ **proof** [pru:f] 증거, 증명

☐ **alive** [əláiv] 살아 있는

☐ **appear** [əpíər] 나타나다

☐ **period** [pí:əriəd] 기간, 시기

☐ **speak** [spi:k] 말하다

Trace and write, chunk by chunk.

그분의 고난 후 /

After his suffering, /

그분은 친히 나타내셔서 그들에게 /

he presented himself to them /

주셨습니다 많은 유력한 증거들을 /

and gave many convincing proofs /

그분이 살아 계시다는

that he was alive.

그분은 그들에게 나타나셔서 / 사십 일의 기간 동안 /

He appeared to them / over a period of forty days /

말씀하셨습니다 하나님의 왕국에 관하여

and spoke about the kingdom of God.

Remember and write.

그분의 고난 후 /

그분은 친히 나타내셔서 그들에게 /

주셨습니다 많은 유력한 증거들을 /

그분이 살아 계시다는

그분은 그들에게 나타나셔서 / 사십 일의 기간 동안 /

말씀하셨습니다 하나님의 왕국에 관하여

Remember and write.

03 Acts 1:4-5

[개역개정] 사도행전 1:4-5

사도와 함께 모이사 그들에게 분부하여 이르시되 예루살렘을 떠나지 말고 내게서 들은 바 아버지께서 약속하신 것을 기다리라 요한은 물로 세례를 베풀었으나 너희는 몇 날이 못되어 성령으로 세례를 받으리라 하셨느니라

Chunk by chunk! 궁금한 순서로 이해해 보세요.

어느 때에 /
On **one occasion**, /

그분이 식사를 하시고 계실 때 그들과 함께 /
while he was **eating** with them, /

그분이 그들에게 주셨습니다 이 명령을
he **gave** them **this command**:

예루살렘을 떠나지 말고 /
"**Do not leave Jerusalem**, /

선물을 기다려라 / 내 아버지께서 약속하신 /
but **wait** for the **gift** / my **Father promised**, /

너희는 들었다 내가 그것에 대하여 말하는 것을
which you have **heard** me **speak about**.

왜냐하면 요한은 세례를 베풀었다 물로 /
For **John baptized** with **water**, /

그러나 며칠 내로 /
but in a **few days** /

너희는 세례를 받을 것이다 성령으로
you will be **baptized** with the **Holy Spirit**."

Read aloud and memorize!

궁금한 순서를 느끼면서, 박자에 맞춰 큰 소리로 읽고 암송해보세요. (붉은색으로 칠해진 단어는 강하고 길게 발음합니다.)

Words note! 확신이 없는 단어를 체크한 후 쓰면서 익히세요.

- ☐ **on one occasion** 어떤 때
- ☐ **give** [giv] 주다
- ☐ **command** [kəmǽnd] (~하라는) 명령, 지령
- ☐ **leave** [li:v] 떠나다
- ☐ **wait for …** ~을 기다리다
- ☐ **gift** [gift] 선물
- ☐ **promise** [prámis] ~을 약속하다
- ☐ **hear** [hiər] ~를 듣다
- ☐ **baptize** [bæptáiz] 세례를 베풀다

Trace and write, chunk by chunk.

어느 때에 /

On one occasion, /

그분이 식사를 하시고 계실 때 그들과 함께 /

while he was eating with them, /

그분이 그들에게 주셨습니다 이 명령을

he gave them this command:

예루살렘을 떠나지 말고 /

"Do not leave Jerusalem, /

선물을 기다려라 / 내 아버지께서 약속하신 /

but wait for the gift / my Father promised, /

너희는 들었다 내가 그것에 대하여 말하는 것을

which you have heard me speak about.

왜냐하면 요한은 세례를 베풀었다 물로 /

For John baptized with water, /

그러나 며칠 내로 /

but in a few days /

너희는 세례를 받을 것이다 성령으로

you will be baptized with the Holy Spirit."

Remember and write.

어느 때에 /

그분이 식사를 하시고 계실 때 그들과 함께 /

그분이 그들에게 주셨습니다 이 명령을

예루살렘을 떠나지 말고 /

선물을 기다려라 / 내 아버지께서 약속하신 /

너희는 들었다 내가 그것에 대하여 말하는 것을

왜냐하면 요한은 세례를 베풀었다 물로 /

그러나 며칠 내로

너희는 세례를 받을 것이다 성령으로

Remember and write.

04 Acts 1:6-8

[개역개정] 사도행전 1:6-8

그들이 모였을 때에 예수께 여쭈어 이르되 주께서 이스라엘 나라를 회복하심이 이 때니이까 하니 이르시되 때와 시기는 아버지께서 자기의 권한에 두셨으니 너희가 알 바 아니요 오직 성령이 너희에게 임하시면 너희가 권능을 받고 예루살렘과 온 유대와 사마리아와 땅 끝까지 이르러 내 증인이 되리라 하시니라

Chunk by chunk! 궁금한 순서로 이해해 보세요.

그러고 나서 그들은 모여서 그분 주위에 / 그분께 물었습니다 /

Then they **gathered around** him / and **asked** him, /

주님 / 당신께서 지금 /

"**Lord**, / are you at **this time** /

왕국을 회복시켜 주려고 하십니까 이스라엘에게

going to **restore** the **kingdom** to **Israel**?"

그분께서 그들에게 말씀하셨습니다

He **said** to them:

너희가 알 것이 아니다 / 때나 날을 /

"It is **not** for you to **know** / the **times** or **dates** /

아버지께서 정하신 / 그분 자신의 권한으로

the **Father** has **set** / by his **own authority**.

그러나 너희는 권능을 받을 것이다 /
But you will **receive power** /

성령이 너희 위에 임하시면 /
when the **Holy Spirit comes** on you; /

그러면 너희는 내 증인들이 될 것이다 / 예루살렘에서 /
and you will be my **witnesses** / in **Jerusalem**, /

그리고 온 유대와 사마리아에서 / 그리고 땅 끝까지
and in **all Judea** and **Samaria**, / and to the **ends** of the **earth**."

Read aloud and memorize!

궁금한 순서를 느끼면서, 박자에 맞춰 큰 소리로 읽고 암송해보세요. (붉은색으로 칠해진 단어는 강하고 길게 발음합니다.)

Words note! 확신이 없는 단어를 체크한 후 쓰면서 익히세요.

- ☐ **gather around …** ~의 둘레에(주위에) 모이다

- ☐ **ask** [æsk] ~을 묻다, 물어보다

- ☐ **restore** [ristɔ́:r] 회복시키다, 복귀시키다

☐ **know** [nou] 알다, 알고 있다

☐ **set** [set] 설정하다

☐ **own** [oun] (소유를 나타내는 강조어로서) 자기 자신의, 자기가 가지고 있는

☐ **authority** [əθɔ́:rəti, əθάrəti] (~에 대한) 권한

☐ **receive** [risí:v] ~을 받다

☐ **come on …** ~에게 내려오다, 임하다

☐ **witness** [wítnis] 목격자, 증인

Quiet Time

Trace and write, chunk by chunk.

그러고 나서 그들은 모여서 그분 주위에 / 그분께 물었습니다 /

Then they gathered around him / and asked him, /

주님 / 당신께서 지금 /

"Lord, / are you at this time /

왕국을 회복시켜 주려고 하십니까 이스라엘에게

going to restore the kingdom to Israel?"

그분께서 그들에게 말씀하셨습니다

He said to them:

너희가 알 것이 아니다 / 때나 날을 /

“It is not for you to know / the times or dates /

아버지께서 정하신 / 그분 자신의 권한으로

the Father has set / by his own authority.

그러나 너희는 권능을 받을 것이다 /

But you will receive power /

성령이 너희 위에 임하시면 /

when the Holy Spirit comes on you; /

그러면 너희는 내 증인들이 될 것이다 / 예루살렘에서 /

and you will be my witnesses / in Jerusalem, /

그리고 온 유대와 사마리아에서 / 그리고 땅 끝까지

and in all Judea and Samaria, / and to the ends of the earth."

Remember and write.

그러고 나서 그들은 모여서 그분 주위에 / 그분께 물었습니다 /

주님 / 당신께서 지금 /

왕국을 회복시켜 주려고 하십니까 이스라엘에게

그분께서 그들에게 말씀하셨습니다

너희가 알 것이 아니다 / 때나 날을 /

아버지께서 정하신 / 그분 자신의 권한으로

그러나 너희는 권능을 받을 것이다 /

성령이 너희 위에 임하시면 /

그러면 너희는 내 증인들이 될 것이다 / 예루살렘에서 /

그리고 온 유대와 사마리아에서 / 그리고 땅 끝까지

Remember and write.

05 Acts 1:9-10

[개역개정] 사도행전 1:9-10

이 말씀을 마치시고 그들이 보는데 올려져 가시니 구름이 그를 가리어 보이지 않게 하더라 올라가실 때에 제자들 이 자세히 하늘을 쳐다보고 있는데 흰 옷 입은 두 사람이 그들 곁에 서서

Chunk by chunk! 궁금한 순서로 이해해 보세요.

그분께서 이 말씀을 하신 후 /
After he **said this**, /

그분은 올려지셨습니다 / 그들의 바로 눈 앞에서 /
he was **taken up** / **before** their **very eyes**, /

그러자 구름이 그분을 덮어서 가렸습니다 / 그들의 시야에서
and a **cloud hid** him / from their **sight**.

그들이 골똘히 위로 쳐다보고 있는데 하늘을 /
They were **looking intently up into** the **sky** /

그분이 가실 때에 /
as he was **going**, /

갑자기 / 두 사람이 흰 옷을 입은 /
when **suddenly** / **two men dressed** in **white** /

섰습니다 그들 곁에
stood beside them.

Read aloud and memorize!

궁금한 순서를 느끼면서, 박자에 맞춰 큰 소리로 읽고 암송해보세요. (붉은색으로 칠해진 단어는 강하고 길게 발음합니다.)

Words note! 확신이 없는 단어를 체크한 후 쓰면서 익히세요.

- ☐ **before** [bifɔ́:r, bəfɔ́:r] ~의 앞에(서)
- ☐ **cloud** [klaud] 구름
- ☐ **hide** [haid] ~을 덮어서 가리다
- ☐ **sight** [sait] 시야
- ☐ **look up into …** 위로 ~을 쳐다보다
- ☐ **intently** [inténtli] 골똘히
- ☐ **dress in …** (~색의) 옷을 입히다

Quiet Time

Trace and write, chunk by chunk.

그분께서 이 말씀을 하신 후 /

After he said this, /

그분은 올려지셨습니다 / 그들의 바로 눈 앞에서 /

he was taken up / before their very eyes, /

그러자 구름이 그분을 덮어서 가렸습니다 / 그들의 시야에서

and a cloud hid him / from their sight.

그들이 골똘히 위로 쳐다보고 있는데 하늘을 /

They were looking intently up into the sky /

그분이 가실 때에 /

as he was going. /

갑자기 / 두 사람이 흰 옷을 입은 /

when suddenly / two men dressed in white /

섰습니다 그들 곁에

stood beside them.

Remember and write.

그분께서 이 말씀을 하신 후 /

그분은 올려지셨습니다 / 그들의 바로 눈 앞에서 /

그러자 구름이 그분을 덮어서 가렸습니다 / 그들의 시야에서

그들이 골똘히 위로 쳐다보고 있는데 하늘을 /

그분이 가실 때에 /

갑자기 / 두 사람이 흰 옷을 입은 /

섰습니다 그들 곁에

Remember and write.

06 Acts 1:11

[개역개정] 사도행전 1:11

이르되 갈릴리 사람들아 어찌하여 서서 하늘을 쳐다보느냐 너희 가운데서 하늘로 올려지신 이 예수는 하늘로 가심을 본 그대로 오시리라 하였느니라

Chunk by chunk! 궁금한 순서로 이해해 보세요.

갈릴리 사람들아 / 그들이 말했습니다 /

"**Men** of **Galilee**," / they **said**, /

왜 너희는 서 있는냐 여기에 / 하늘을 쳐다보면서

"**why** do you **stand here** / **looking into** the **sky**?

바로 이 예수님은 /

This same Jesus, /

너희에게서 떠나 하늘로 올려지신 /

who has been **taken** from you **into heaven**, /

돌아 오실 것이다 / 같은 방식으로 /

will **come back** / in the **same way** /

너희가 본 그분이 하늘로 들어가신 것을

you have **seen** him **go into heaven**."

Read aloud and memorize!

궁금한 순서를 느끼면서, 박자에 맞춰 큰 소리로 읽고 암송해보세요. (붉은색으로 칠해진 단어는 강하고 길게 발음합니다.)

Words note! 확신이 없는 단어를 체크한 후 쓰면서 익히세요.

☐ **stand** [stænd] 서다, 서 있다

☐ **look into …** ~을 쳐다보다

☐ **same** [seim] 동일한 ~ , 바로 그 ~

☐ **come back** 돌아오다

☐ **in the same way** 같은 방식으로, ~하는 그대로

☐ **see** [si:] 보다

Quiet Time

Trace and write, chunk by chunk.

갈릴리 사람들아 / 그들이 말했습니다 /

"Men of Galilee," / they said, /

왜 너희는 서 있느냐 여기에 / 하늘을 쳐다보면서

"why do you stand here / looking into the sky?

바로 이 예수님은 /

This same Jesus, /

너희에게서 떠나 하늘로 올려지신 /

who has been taken from you into heaven, /

돌아 오실 것이다 / 같은 방식으로 /

will come back / in the same way /

너희가 본 그분이 하늘로 들어가신 것을

you have seen him go into heaven."

Remember and write.

갈릴리 사람들아 / 그들이 말했습니다 /

왜 너희는 서 있는냐 여기에 / 하늘을 쳐다보면서

바로 이 예수님은 /

너희에게서 떠나 하늘로 올려지신 /

돌아 오실 것이다 / 같은 방식으로 /

너희가 본 그분이 하늘로 들어가신 것을

Remember and write.

이어서
말해보기
01

Acts 1:1-11

Let's read with stress and rhythm!

궁금한 순서에 따라, 강세와 박자에 맞춰, 큰 소리로 읽어 보세요. (그러면 영어가 뚫립니다.)
붉은색으로 칠해진 단어는 강하고 길게 발음합니다.

Jesus Taken Up Into Heaven

1 In my **former book**, **Theophilus**,
I **wrote about all**
that **Jesus began** to **do** and to **teach**
2 **until** the **day** he was **taken up** to **heaven**,
after giving instructions through the **Holy Spirit**
to the **apostles** he had **chosen**.
3 **After** his **suffering**,
he **presented himself** to them
and **gave many convincing proofs**
that he was **alive**.
He **appeared** to them **over** a **period** of **forty days**
and **spoke about** the **kingdom** of **God**.

4 On **one occasion**,

while he was **eating** with them,

he **gave** them **this command**:

"**Do not leave Jerusalem**,

but **wait** for the **gift** my **Father promised**,

which you have **heard** me **speak about**.

5 For **John baptized** with **water**,

but in a **few days**

you will be **baptized** with the **Holy Spirit**."

6 **Then** they **gathered around** him and **asked** him,

"**Lord**, are you at **this time going**

to **restore** the **kingdom** to **Israel**?"

7 He **said** to them:

"It is **not** for you to **know** the **times** or **dates**

the **Father** has **set** by his **own authority**.

8 But you will **receive power**

when the **Holy Spirit comes** on you;

and you will be my **witnesses** in **Jerusalem**,

and in **all Judea** and **Samaria**,

and to the **ends** of the **earth**."

9 **After** he **said this**,

he was **taken up before** their **very eyes**,

and a **cloud hid** him from their **sight**.

10 They were **looking intently up into** the **sky**
as he was **going**,
when **suddenly two men dressed** in **white**
stood beside them.
11 "**Men** of **Galilee**," they **said**,
"**why** do you **stand here looking into** the **sky**?
This same Jesus,
who has been **taken** from you **into heaven**,
will **come back** in the **same way**
you have **seen** him **go into heaven**."

MEMO

02

Matthias Chosen to Replace Judas

07 Acts 1:12-13A

[개역개정] 사도행전 1:12-13A

제자들이 감람원이라 하는 산으로부터 예루살렘에 돌아오니 이 산은 예루살렘에서 가까워 안식일에 가기 알맞은 길이라 들어가 그들이 유하는 다락방으로 올라가니

Chunk by chunk! 궁금한 순서로 이해해 보세요.

Matthias Chosen to Replace Judas
(유다를 대신하기 위해 선택된 맛디아)

그러고 나서 사도들은 돌아왔습니다 예루살렘으로 /
Then the **apostles returned** to **Jerusalem** /

산으로부터 올리브산이라고 불리는 /
from the **hill called** the **Mount** of **Olives**, /

안식일에 걸어갈 만한 거리에 있는 그 도시로부터
a **Sabbath day's walk** from the **city**.

그들이 도착했을 때 /
When they **arrived**, /

그들은 윗층으로 올라가 방에 갔습니다 /
they **went upstairs** to the **room** /

그들이 머물고 있는
where they were **staying**.

Read aloud and memorize!

궁금한 순서를 느끼면서, 박자에 맞춰 큰 소리로 읽고 암송해보세요. (붉은색으로 칠해진 단어는 강하고 길게 발음합니다.)

Words note! 확신이 없는 단어를 체크한 후 쓰면서 익히세요.

☐ **choose** [ʧu:z] ~을 고르다, 선택하다

☐ **replace** [ripléis] ~을 대신하다

☐ **apostle** [əpάsl] 사도

☐ **return** [ritə́:rn] ~에서 돌아오다

☐ **hill** [hil] (작은) 산

☐ **walk** [wɔ:k] (소요 시간상의) 보행 거리

☐ **arrive** [əráiv] 도착하다

☐ **upstairs** [ʌpstέərz] 위층(2층)으로(에서)

☐ **stay** [stei] 머무르다

Trace and write, chunk by chunk.

유다를 대신하기 위해 선택된 맛디아

Matthias Chosen to Replace Judas

그러고 나서 사도들은 돌아왔습니다 예루살렘으로 /

Then the apostles returned to Jerusalem /

산으로부터 올리브산이라고 불리는 /

from the hill called the Mount of Olives, /

안식일에 걸어갈 만한 거리에 있는 그 도시로부터

a Sabbath day's walk from the city.

그들이 도착했을 때 /

When they arrived. /

그들은 윗층으로 올라가 방에 갔습니다 /

they went upstairs to the room /

그들이 머물고 있는

where they were staying.

Remember and write.

유다를 대신하기 위해 선택된 맛디아

그러고 나서 사도들은 돌아왔습니다 예루살렘으로 /

산으로부터 올리브산이라고 불리는 /

안식일에 걸어갈 만한 거리에 있는 그 도시로부터

그들이 도착했을 때 /

그들은 윗층으로 올라가 방에 갔습니다 /

그들이 머물고 있는

Remember and write.

08 Acts 1:13B-14

[개역개정] 사도행전 1:13B-14

베드로, 요한, 야고보, 안드레와 빌립, 도마와 바돌로매, 마태와 알패오의 아들 야고보, 셀롯인 시몬, 야고보의 아들 유다가 다 거기 있어 여자들과 예수의 어머니 마리아와 예수의 아우들과 더불어 마음을 같이하여 오로지 기도에 힘쓰더라

Chunk by chunk! 궁금한 순서로 이해해 보세요.

사람들은 그곳에 있는 /
Those present were /

베드로 요한 야고보와 안드레 /
Peter, **John**, **James** and **Andrew**; /

빌립과 도마 / 바돌로매와 마태 /
Philip and **Thomas**, / **Bartholomew** and **Matthew**; /

알패오의 아들 야고보와 / 열심 당원 시몬 /
James son of **Alphaeus** / and **Simon** the **Zealot**, /

그리고 야고보의 아들 유다였습니다
and **Judas son** of **James**.

그들 모두 함께 했습니다 / 끊임없이 기도에 /
They **all joined together** / **constantly** in **prayer**, /

여자들과 함께 / 예수님의 어머니 마리아와 /
along with the **women** / and **Mary** the **mother** of **Jesus**, /

그리고 그분의 형제들과 함께
and with his **brothers**.

Read aloud and memorize!

궁금한 순서를 느끼면서, 박자에 맞춰 큰 소리로 읽고 암송해보세요. (붉은색으로 칠해진 단어는 강하고 길게 발음합니다.)

Words note! 확신이 없는 단어를 체크한 후 쓰면서 익히세요.

- ☐ **present** [préznt] 있는, 참석한, 출석한
- ☐ **son** [sʌn] 아들
- ☐ **zealot** [zélət] 열성가, 열심당원, 젤로테파
- ☐ **join together** 함께 하다
- ☐ **constantly** [kάnstəntli] 끊임없이, 계속
- ☐ **in prayer** 기도하는
- ☐ **along with …** ~과 함께

Quiet Time

Trace and write, chunk by chunk.

사람들은 그곳에 있는 /

Those present were /

베드로 요한 야고보와 안드레 /

Peter, John, James and Andrew; /

빌립과 도마 / 바돌로매와 마태 /

Philip and Thomas, / Bartholomew and Matthew; /

알패오의 아들 야고보와 / 열심 당원 시몬 /

James son of Alphaeus / and Simon the Zealot, /

그리고 야고보의 아들 유다였습니다

and Judas son of James.

그들 모두 함께 했습니다 / 끊임없이 기도에 /

They all joined together / constantly in prayer. /

여자들과 함께 / 예수님의 어머니 마리아와 /

along with the women / and Mary the mother of Jesus, /

그리고 그분의 형제들과 함께

and with his brothers.

Remember and write.

사람들은 그곳에 있는 /

베드로 요한 야고보와 안드레 /

빌립과 도마 / 바돌로매와 마태 /

알패오의 아들 야고보와 / 열심 당원 시몬 /

그리고 야고보의 아들 유다였습니다

그들 모두 함께 했습니다 / 끊임없이 기도에 /

여자들과 함께 / 예수님의 어머니 마리아와 /

그리고 그분의 형제들과 함께

Remember and write.

09 Acts 1:15-17

[개역개정] 사도행전 1:15-17

모인 무리의 수가 약 백이십 명이나 되더라 그 때에 베드로가 그 형제들 가운데 일어서서 이르되 형제들아 성령이 다윗의 입을 통하여 예수 잡는 자들의 길잡이가 된 유다를 가리켜 미리 말씀하신 성경이 응하였으니 마땅하도다 이 사람은 본래 우리 수 가운데 참여하여 이 직무의 한 부분을 맡았던 자라

Chunk by chunk! 궁금한 순서로 이해해 보세요.

그 무렵 /
In **those days** /

베드로가 일어서서 / 신자들 가운데서 /
Peter stood up / **among** the **believers** /

한 무리 / 약 백이십 명이 되는 /
(a **group** / **numbering about** a **hundred** and **twenty**) /

말했습니다 / 형제 자매들이여 /
and **said**, / "**Brothers** and **sisters**, /

성경은 성취되어야 했습니다 /
the **Scripture had** to be **fulfilled** /

그것 안에 성령께서 말씀하신 오래 전에 /
in **which** the **Holy Spirit spoke long ago** /

다윗을 통해 유다에 관하여 /
through David concerning Judas, /

안내인으로 일한 사람들을 위해 /
who **served** as **guide** for **those** /

예수님을 체포한
who **arrested Jesus**.

그는 우리 수 가운데 한 명이며 /
He was **one** of our **number** /

함께 했습니다 우리 직무에
and **shared** in our **ministry**."

Read aloud and memorize!

궁금한 순서를 느끼면서, 박자에 맞춰 큰 소리로 읽고 암송해보세요. (붉은색으로 칠해진 단어는 강하고 길게 발음합니다.)

Words note! 확신이 없는 단어를 체크한 후 쓰면서 익히세요.

☐ **believer** [bilí:vər] 믿는 사람, 신자

☐ **number** [nʌmbər] (합한 수가) ~이 되다; (사람, 사물의) 수

☐ **Scripture** [skríptʃər] (때로 scripture) 성경, 성서

☐ **fulfill** [fulfíl] 실현하다, 성취하다

☐ **concerning** [kənsə́ːrniŋ] ~에 관하여

☐ **serve** [səːrv] 일(봉사)하다, 근무(복무)하다

☐ **guide** [gaid] 가이드, 안내인

☐ **arrest** [ərést] 체포하다

☐ **share in …** ~함께 하다, 참가하다

☐ **ministry** [mínəstri] 직무, 직책

Quiet Time

Trace and write, chunk by chunk.

그 무렵 /

In those days /

베드로가 일어서서 / 신자들 가운데서 /

Peter stood up / among the believers /

한 무리 / 약 백 이십 명이 되는 /

(a group / numbering about a hundred and twenty) /

말했습니다 / 형제 자매들이여 /

and said, / "Brothers and sisters, /

성경은 성취되어야 했습니다 /

the Scripture had to be fulfilled /

그것 안에 성령께서 말씀하신 오래 전에 /

in which the Holy Spirit spoke long ago /

다윗을 통해 유다에 관하여 /

through David concerning Judas, /

안내인으로 일한 사람들을 위해 /

who served as guide for those /

예수님을 체포한

who arrested Jesus.

그는 우리 수 가운데 한 명이며 /

He was one of our number /

함께 했습니다 우리 직무에

and shared in our ministry."

Remember and write.

그 무렵 /

베드로가 일어서서 / 신자들 가운데서 /

한 무리 / 약 백 이십 명이 되는 /

말했습니다 / 형제 자매들이여 /

성경은 성취되어야 했습니다 /

그것 안에 성령께서 말씀하신 오래 전에 /

다윗을 통해 유다에 관하여 /

안내인으로 일한 사람들을 위해 /

예수님을 체포한

그는 우리 수 가운데 한 명이며 /

함께 했습니다 우리 직무에

Remember and write.

10 Acts 1:18-19

[개역개정] 사도행전 1:18-19

(이 사람이 불의의 삯으로 밭을 사고 후에 몸이 곤두박질하여 배가 터져 창자가 다 흘러 나온지라 이 일이 예루살렘에 사는 모든 사람에게 알리어져 그들의 말로는 그 밭을 아겔다마라 하니 이는 피밭이라는 뜻이라)

Chunk by chunk! 궁금한 순서로 이해해 보세요.

그 대가로 / 그가 받은 그의 악함으로 /

(With the **payment** / he **received** for his **wickedness**, /

그는 밭을 샀습니다 /

Judas bought a **field**; /

거기서 그는 거꾸로 떨어졌습니다 /

there he **fell headlong**, /

그의 몸이 터져서 벌어졌습니다 /

his **body burst open** /

그래서 그의 모든 창자들이 쏟아져 나왔습니다

and **all** his **intestines spilled out**.

예루살렘에 있는 사람들이 / 이 일에 대해 들었습니다 /

Everyone in **Jerusalem** / **heard about this**, /

그래서 그들은 그 밭을 불렀습니다 / 그들의 말로 아겔다마라고 /

so they **called that field** / in their **language Akeldama**, /

그것은, 곧 피의 밭이라는 말입니다

that is, **Field** of **Blood**.)

Read aloud and memorize!

궁금한 순서를 느끼면서, 박자에 맞춰 큰 소리로 읽고 암송해보세요. (붉은색으로 칠해진 단어는 강하고 길게 발음합니다.)

Words note! 확신이 없는 단어를 체크한 후 쓰면서 익히세요.

- ☐ **payment** [péimənt] 보수, 대가
- ☐ **receive** [risí:v] ~을 받다
- ☐ **wickedness** [wíkidnis] 악함, 사악함
- ☐ **buy** [bai] ~을 사다, 구입하다
- ☐ **field** [fi:ld] 논, 밭
- ☐ **fall headlong** 거꾸로 떨어지다, 곤두박질하다
- ☐ **burst open** 터져서 벌어지다
- ☐ **intestine** [intéstin] 창자
- ☐ **spill out** 흐르다
- ☐ **language** [lǽŋgwidʒ] 언어, 말

Trace and write, chunk by chunk.

그 대가로 / 그가 받은 그의 악함으로 /

(With the payment / he received for his wickedness, /

그는 밭을 샀습니다 /

Judas bought a field; /

거기서 그는 거꾸로 떨어졌습니다 /

there he fell headlong, /

그의 몸이 터져서 벌어졌습니다 /

his body burst open /

그래서 그의 모든 창자들이 쏟아져 나왔습니다

and all his intestines spilled out.

예루살렘에 있는 사람들이 / 이 일에 대해 들었습니다 /

Everyone in Jerusalem / heard about this. /

그래서 그들은 그 밭을 불렀습니다 / 그들의 말로 아겔다마라고 /

so they called that field / in their language

Akeldama, /

그것은, 곧 피의 밭이라는 말입니다

that is, Field of Blood.)

Remember and write.

그 대가로 / 그가 받은 그의 악함으로 /

그는 밭을 샀습니다 /

거기서 그는 거꾸로 떨어졌습니다 /

그의 몸이 터져서 벌어졌습니다 /

그래서 그의 모든 창자들이 쏟아져 나왔습니다

예루살렘에 있는 사람들이 / 이 일에 대해 들었습니다 /

그래서 그들은 그 밭을 불렀습니다 / 그들의 말로 아겔다마라고 /

그것은, 곧 피의 밭이라는 말입니다

Remember and write.

11 Acts 1:20

[개역개정] 사도행전 1:20

시편에 기록하였으되 그의 거처를 황폐하게 하시며 거기 거하는 자가 없게 하소서 하였고 또 일렀으되 그의 직분을 타인이 취하게 하소서 하였도다

Chunk by chunk! 궁금한 순서로 이해해 보세요.

왜냐하면 / 베드로는 말했습니다 /

"For," / **said Peter**, /

그것이 기록되어 있기 때문입니다 / 시편에

"it is **written** / in the **Book** of **Psalms**:

'그의 거처가 황폐해지게 하소서 /

"'May his **place** be **deserted**; /

아무도 없게 하소서 그곳에 사는' 라고 /

let there be **no one** to **dwell** in it,' /

그리고 / '다른 사람이 맡게 하소서 그의 지도직을' 라고

and, / "'May **another take** his **place** of **leadership**.'

Read aloud and memorize!

궁금한 순서를 느끼면서, 박자에 맞춰 큰 소리로 읽고 암송해보세요. (붉은색으로 칠해진 단어는 강하고 길게 발음합니다.)

Words note! 확신이 없는 단어를 체크한 후 쓰면서 익히세요.

- ☐ **write** [rait] 쓰다, 기록하다
- ☐ **place** [pleis] 거처; 직무, 직분
- ☐ **deserted** [dizə́:rtid] 황폐한
- ☐ **dwell** [dwel] (문어) 살다; 거주하다
- ☐ **take** [teik] (임무, 일 등) 맡다, 떠맡다
- ☐ **leadership** [li'dərʃi,p] 지도(력)

Quiet Time

Trace and write, chunk by chunk.

왜냐하면 / 베드로는 말했습니다 /

"For," / said Peter, /

그것이 기록되어 있기 때문입니다 / 시편에

"it is written / in the Book of Psalms:

'그의 거처가 황폐해지게 하소서 /

"'May his place be deserted; /

아무도 없게 하소서 그곳에 사는' 라고 /

let there be no one to dwell in it,' /

그리고 / '다른 사람이 맡게 하소서 그의 지도직을' 라고

and, / "'May another take his place of leadership.'

Remember and write.

왜냐하면 / 베드로는 말했습니다 /

그것이 기록되어 있기 때문입니다 / 시편에

‘그의 거처가 황폐해지게 하소서 /

아무도 없게 하소서 그곳에 사는’ 라고 /

그리고 / ‘다른 사람이 맡게 하소서 그의 지도직을’ 라고

Remember and write.

Verse Work

Look up and write.

Which Old Testament passage did Peter refer to in Acts 1:20?

1. "'May his place be deserted; let there be no one to dwell in it,'

   [Psalm 69:25]

2. "'May another take his place of leadership.'

   [Psalm 109:8]

Answer Key: 1. [Psalm 69:25] May their place be deserted; let there be no one to dwell in their tents.
2. [Psalm 109:8] May his days be few; may another take his place of leadership.

12 Acts 1:21-22

[개역개정] 사도행전 1:21-22

이러하므로 요한의 세례로부터 우리 가운데서 올려져 가신 날까지 주 예수께서 우리 가운데 출입하실 때에 항상 우리와 함께 다니던 사람 중에 하나를 세워 우리와 더불어 예수께서 부활하심을 증언할 사람이 되게 하여야 하리라 하거늘

Chunk by chunk! 궁금한 순서로 이해해 보세요.

그러므로 /

Therefore /

필요합니다 / 사람들 중 한 사람을 선택하는 것이 /

it is **necessary** / to **choose one** of the **men** /

우리가 함께 했던 /

who have **been** with us /

내내 / 주 예수님께서 사시던 동안 우리 가운데서 /

the **whole time** / the **Lord Jesus** was **living among** us, /

요한의 세례 때부터 시작하여 /

beginning from **John's baptism** /

그 때까지 / 예수님께서 올려지신 우리로부터 /

to the **time** / when **Jesus** was **taken up** from us. /

왜냐하면 이 사람들 중 한 사람이 /

For **one** of **these** /

증인이 되어야 하기 때문입니다 우리와 함께 / 그분의 부활의

must become a **witness** with us / of his **resurrection**."

Read aloud and memorize!

궁금한 순서를 느끼면서, 박자에 맞춰 큰 소리로 읽고 암송해보세요. (붉은색으로 칠해진 단어는 강하고 길게 발음합니다.)

Words note! 확신이 없는 단어를 체크한 후 쓰면서 익히세요.

- ☐ **necessary** [nésəsèri] 필요한
- ☐ **choose** [ʧu:z] ~을 고르다, 선택하다
- ☐ **live** [liv] 살다
- ☐ **begin** [bigín] 시작하다
- ☐ **become** [bikʌm] ~이 되다
- ☐ **witness** [wítnis] 목격자, 증인
- ☐ **resurrection** [rèzərékʃən] 부활

Quiet Time

Trace and write, chunk by chunk.

그러므로 /

Therefore /

필요합니다 / 사람들 중 한 사람을 선택하는 것이 /

it is necessary / to choose one of the men /

우리가 함께 했던 /

who have been with us /

내내 / 주 예수님께서 사시던 동안 우리 가운데서 /

the whole time / the Lord Jesus was living among us. /

요한의 세례 때부터 시작하여 /

beginning from John's baptism /

그 때까지 / 예수님께서 올려지신 우리로부터 /

to the time / when Jesus was taken up from us. /

왜냐하면 이 사람들 중 한 사람이 /

For one of these /

증인이 되어야 하기 때문입니다 우리와 함께 / 그분의 부활의

must become a witness with us / of his resurrection."

Remember and write.

그러므로 /

필요합니다 / 사람들 중 한 사람을 선택하는 것이 /

우리가 함께 했던 /

내내 / 주 예수님께서 사시던 동안 우리 가운데서 /

요한의 세례 때부터 시작하여 /

그 때까지 / 예수님께서 올려지신 우리로부터 /

왜냐하면 이 사람들 중 한 사람이 /

증인이 되어야 하기 때문입니다 우리와 함께 / 그분의 부활의

Remember and write.

13 Acts 1:23-26

[개역개정] 사도행전 1:23-26

그들이 두 사람을 내세우니 하나는 바사바라고도 하고 별명은 유스도라고 하는 요셉이요 하나는 맛디아라 그들이 기도하여 이르되 뭇 사람의 마음을 아시는 주여 이 두 사람 중에 누가 주님께 택하신 바 되어 봉사와 및 사도의 직무를 대신할 자인지를 보이시옵소서 유다는 이 직무를 버리고 제 곳으로 갔나이다 하고 제비 뽑아 맛디아를 얻으니 그가 열한 사도의 수에 들어가니라

Chunk by chunk! 궁금한 순서로 이해해 보세요.

그래서 그들은 두 사람을 추천했습니다

So they **nominated two men**:

바사바라고 불리는 요셉 / 유스도라고도 알려진 / 그리고 맛디아였습니다

Joseph called Barsabbas / (**also known** as **Justus**) / and **Matthias**.

그러고 나서 그들은 기도했습니다 /

Then they **prayed**, /

'주님 / 당신은 모든 사람의 마음을 아십니다

"**Lord**, / you **know everyone's heart**.

우리에게 보여 주십시오 / 이 둘 중 누구를 / 당신께서 선택하셨는지 /

Show us / **which** of **these two** / you have **chosen** /

이 사도의 직무를 인수하기 위해서 /

to **take over this apostolic ministry**, /

유다는 떠났습니다 / 그가 속한 곳으로 가기 위해서

which **Judas left** / to **go where** he **belongs**.

그러고 나서 그들은 제비를 뽑았습니다 /
Then they **cast lots**, /

그리고 제비가 맛디아에게 떨어졌습니다 /
and the **lot fell** to **Matthias**; /

그렇게 해서 그가 더해졌습니다 열한 사도에
so he was **added** to the **eleven apostles**.

Read aloud and memorize!

궁금한 순서를 느끼면서, 박자에 맞춰 큰 소리로 읽고 암송해보세요. (붉은색으로 칠해진 단어는 강하고 길게 발음합니다.)

Words note! 확신이 없는 단어를 체크한 후 쓰면서 익히세요.

☐ **nominate** [nάmənèit] 추천하다, 지명하다

☐ **be known as …** ~로 알려지다

☐ **pray** [prei] 기도하다

☐ **choose** [ʧu:z] ~을 고르다, 선택하다

☐ **take over …** ~을 인수하다

☐ **apostolic** [æpəstálik] 사도의

☐ **ministry** [mínəstri] 직무, 직책

☐ **belong to …** ~에 속하다

☐ **cast lots** 제비뽑기를 하다

☐ **fall** [fɔ:l] 떨어지다

☐ **add to …** ~에 더하다

Quiet Time

Trace and write, chunk by chunk.

그래서 그들은 두 사람을 추천했습니다

So they nominated two men:

바사바라고 불리는 요셉 / 유스도라고도 알려진 / 그리고 맛디아였습니다

Joseph called Barsabbas / (also known as Justus) /
and Matthias.

그러고 나서 그들은 기도했습니다 /

Then they prayed. /

'주님 / 당신은 모든 사람의 마음을 아십니다

"Lord, / you know everyone's heart.

우리에게 보여 주십시오 / 이 둘 중 누구를 / 당신께서 선택하셨는지 /

Show us / which of these two / you have chosen /

이 사도의 직무를 인수하기 위해서 /

to take over this apostolic ministry, /

유다는 떠났습니다 / 그가 속한 곳으로 가기 위해서

which Judas left / to go where he belongs.

그러고 나서 그들은 제비를 뽑았습니다 /

Then they cast lots, /

그리고 제비가 맛디아에게 떨어졌습니다 /

and the lot fell to Matthias; /

그렇게 해서 그가 더해졌습니다 열한 사도에

so he was added to the eleven apostles.

Remember and write.

그래서 그들은 두 사람을 추천했습니다

바사바라고 불리는 요셉 / 유스도라고도 알려진 / 그리고 맛디아였습니다

그러고 나서 그들은 기도했습니다 /

'주님 / 당신은 모든 사람의 마음을 아십니다

우리에게 보여 주십시오 / 이 둘 중 누구를 / 당신께서 선택하셨는지 /

이 사도의 직무를 인수하기 위해서 /

유다는 떠났습니다 / 그가 속한 곳으로 가기 위해서

그러고 나서 그들은 제비를 뽑았습니다 /

그리고 제비가 맛디아에게 떨어졌습니다 /

그렇게 해서 그가 더해졌습니다 열한 사도에

Remember and write.

이어서 말해보기 02

Acts 1:12-26

Let's read with stress and rhythm!

궁금한 순서에 따라, 강세와 박자에 맞춰, 큰 소리로 읽어 보세요. (그러면 영어가 뚫립니다.)
붉은색으로 칠해진 단어는 강하고 길게 발음합니다.

Matthias Chosen to Replace Judas

12 **Then** the **apostles returned** to **Jerusalem**
from the **hill called** the **Mount** of **Olives**,
a **Sabbath day's walk** from the **city**.
13 When they **arrived**,
they **went upstairs** to the **room** where they were **staying**.
Those present were **Peter**, **John**, **James** and **Andrew**;
Philip and **Thomas**,
Bartholomew and **Matthew**;
James son of **Alphaeus** and **Simon** the **Zealot**,
and **Judas son** of **James**.
14 They **all joined together constantly** in **prayer**,
along with the **women** and **Mary** the **mother** of **Jesus**,
and with his **brothers**.

15 In those days Peter stood up among the believers
(a group numbering about a hundred and twenty)
16 and said, "Brothers and sisters,
the Scripture had to be fulfilled
in which the Holy Spirit spoke long ago
through David concerning Judas,
who served as guide for those who arrested Jesus.
17 He was one of our number and shared in our ministry."
18 (With the payment he received for his wickedness,
Judas bought a field;
there he fell headlong,
his body burst open
and all his intestines spilled out.
19 Everyone in Jerusalem heard about this,
so they called that field in their language Akeldama,
that is, Field of Blood.)
20 "For," said Peter,
"it is written in the Book of Psalms:
"'May his place be deserted;
let there be no one to dwell in it,'
and, "'May another take his place of leadership.'
21 Therefore it is necessary to choose one of the men
who have been with us the whole time

the **Lord Jesus** was **living among** us,

22 **beginning** from **John's baptism**

to the **time** when **Jesus** was **taken up** from us.

For one of **these must become** a **witness** with us

of his **resurrection**."

23 So they **nominated two men**:

Joseph called Barsabbas (**also known** as **Justus**) and **Matthias**.

24 **Then** they **prayed**,

"**Lord**, you **know everyone's heart**.

Show us **which** of **these two** you have **chosen**

25 to **take over this apostolic ministry**,

which **Judas left** to **go** where he **belongs**."

26 **Then** they **cast lots**,

and the **lot fell** to **Matthias**;

so he was **added** to the **eleven apostles**.

MEMO

03

The Holy Spirit Comes at Pentecost

14 Acts 2:1-2

[개역개정] 사도행전 2:1-2

오순절 날이 이미 이르매 그들이 다같이 한 곳에 모였더니 홀연히 하늘로부터 급하고 강한 바람 같은 소리가 있어 그들이 앉은 온 집에 가득하며

Chunk by chunk! 궁금한 순서로 이해해 보세요.

The Holy Spirit Comes at Pentecost

(성령이 오순절 날에 오시다)

오순절 날이 왔을 때 /

When the **day** of **Pentecost came**, /

그들은 같이 있었습니다 / 한 장소에

they were **all together** / in **one place**.

갑자기 /

Suddenly /

소리가 / 맹렬한 바람이 부는 것 같은 /

a **sound** / like the **blowing** of a **violent wind** /

났습니다 하늘로부터 /

came from **heaven** /

그러더니 온 집을 채웠습니다 / 그들이 앉아 있는

and **filled** the **whole house** / where they were **sitting**.

Read aloud and memorize!

궁금한 순서를 느끼면서, 박자에 맞춰 큰 소리로 읽고 암송해보세요. (붉은색으로 칠해진 단어는 강하고 길게 발음합니다.)

Words note! 확신이 없는 단어를 체크한 후 쓰면서 익히세요.

☐ **Pentecost** [péntikɔ̀:st] 오순절, 성경강림절

☐ **come** [kʌm] 오다, 임하다; (계절 등이) 다가오다; ~에서 나오다 (from ...)

☐ **together** [təgéðər] 함께, 같이

☐ **suddenly** [sΛdnli] 갑자기, 돌연히

☐ **sound** [saund] 소리

☐ **blow** [blou] (바람이) 불다

☐ **violent** [váiələnt] 격렬한, 맹렬한

☐ **wind** [wind] 바람

☐ **fill** [fil] 채우다, 가득하게 하다

Trace and write, chunk by chunk.

성령이 오순절 날에 오시다

The Holy Spirit Comes at Pentecost

오순절 날이 왔을 때 /

When the day of Pentecost came, /

그들은 같이 있었습니다 / 한 장소에

they were all together / in one place.

갑자기 /

Suddenly /

소리가 / 맹렬한 바람이 부는 것 같은 /

a sound / like the blowing of a violent wind /

낫습니다 하늘로부터 /

came from heaven /

그러더니 온 집을 채웠습니다 / 그들이 앉아 있는

and filled the whole house / where they were sitting.

Remember and write.

성령이 오순절 날에 오시다

오순절 날이 왔을 때 /

그들은 같이 있었습니다 / 한 장소에

갑자기 /

소리가 / 맹렬한 바람이 부는 것 같은 /

났습니다 하늘로부터 /

그러더니 온 집을 채웠습니다 / 그들이 앉아 있는

Remember and write.

15 Acts 2:3-4

[개역개정] 사도행전 2:3-4

마치 불의 혀처럼 갈라지는 것들이 그들에게 보여 각 사람 위에 하나씩 임하여 있더니 그들이 다 성령의 충만함을 받고 성령이 말하게 하심을 따라 다른 언어들로 말하기를 시작하니라

Chunk by chunk! 궁금한 순서로 이해해 보세요.

그들은 보았습니다 / 불의 혀들처럼 보이는 것을 /

They **saw** / **what seemed** to be **tongues** of **fire** /

갈라져서 / 내려와 앉은 그들 각 사람 위에

that **separated** / and **came** to **rest** on **each** of them.

그들은 모두 충만해져서 성령으로 /

All of them were **filled** with the **Holy Spirit** /

시작했습니다 말하기 다른 언어들로 /

and **began** to **speak** in **other tongues** /

성령께서 그들에게 주신 능력 대로

as the **Spirit enabled** them.

Read aloud and memorize!

궁금한 순서를 느끼면서, 박자에 맞춰 큰 소리로 읽고 암송해보세요. (붉은색으로 칠해진 단어는 강하고 길게 발음합니다.)

Words note! 확신이 없는 단어를 체크한 후 쓰면서 익히세요.

☐ **seem** [si:m] ~처럼 보이다, ~인 것 같다

____

☐ **tongue** [tʌŋ] 혀; 언어, 방언

____

☐ **separate** [sépərèit] 분리되다, 갈라지다

____

☐ **rest on …** ~에 앉다

____

☐ **fill with …** ~으로 가득 차다, 충만하다

____

☐ **speak in …** ~으로 말하다

____

☐ **enable** [inéibl] ~할 수 있게 하다; (~하는) 능력을 주다

____

Quiet Time

Trace and write, chunk by chunk.

그들은 보았습니다 / 불의 혀들처럼 보이는 것을 /

They saw / what seemed to be tongues of fire /

갈라져서 / 내려와 앉은 그들 각 사람 위에

that separated / and came to rest on each of them.

그들은 모두 충만해져서 성령으로 /

All of them were filled with the Holy Spirit /

시작했습니다 말하기 다른 언어들로 /

and began to speak in other tongues /

성령께서 그들에게 주신 능력 대로

as the Spirit enabled them.

Remember and write.

그들은 보았습니다 / 불의 혀들처럼 보이는 것을 /

갈라져서 / 내려와 앉은   그들 각 사람 위에

그들은 모두 충만해져서 성령으로 /

시작했습니다 말하기 다른 언어들로 /

성령께서 그들에게 주신 능력 대로

Remember and write.

Verse Work

Circle.

> All of them were filled with the Holy Spirit and began to speak in other tongues as the Spirit enabled them.

The underlined word means ____________.

A. codes

B. stories

C. languages

D. messages

Answer Key: C

16 Acts 2:5-6

[개역개정] 사도행전 2:5-6

그 때에 경건한 유대인들이 천하 각국으로부터 와서 예루살렘에 머물러 있더니 이 소리가 나매 큰 무리가 모여 각각 자기의 방언으로 제자들이 말하는 것을 듣고 소동하여

Chunk by chunk! 궁금한 순서로 이해해 보세요.

그 때에 머물고 있었습니다 예루살렘에 /

Now there were **staying** in **Jerusalem** /

경건한 유대 사람들이 / 각 나라에서 온 하늘 아래에 있는

God-fearing Jews / from **every nation under heaven.**

그들이 이 소리를 들었을 때 /

When they **heard this sound**, /

군중이 모였습니다 / 당황하여 /

a **crowd came together** / in **bewilderment**, /

왜냐하면 각 사람이 들었기 때문입니다 그들 자신의 언어가 말해지는 것을

because each one heard their **own language** being **spoken.**

Read aloud and memorize!

궁금한 순서를 느끼면서, 박자에 맞춰 큰 소리로 읽고 암송해보세요. (붉은색으로 칠해진 단어는 강하고 길게 발음합니다.)

Words note! 확신이 없는 단어를 체크한 후 쓰면서 익히세요.

- ☐ **stay** [stei] 머무르다
- ☐ **God-fearing** [gadfiəriŋ] (때로 god-fearing) 매우 독실한, 경건한
- ☐ **nation** [néiʃən] 국가, 나라
- ☐ **hear** [hiər] ~을 듣다
- ☐ **sound** [saund] 소리
- ☐ **crowd** [kraud] 군중
- ☐ **in bewilderment** 당황하여, 어찌할 바를 몰라
- ☐ **own** [oun] (소유를 나타내어 강조어로서) 자기 자신의
- ☐ **language** [lǽŋgwidʒ] 언어, 말
- ☐ **speak** [spi:k] 말하다

Trace and write, chunk by chunk.

그 때에 머물고 있었습니다 예루살렘에 /

Now there were staying in Jerusalem /

경건한 유대 사람들이 / 각 나라에서 온 하늘 아래에 있는

God-fearing Jews / from every nation under heaven.

그들이 이 소리를 들었을 때 /

When they heard this sound, /

군중이 모였습니다 / 당황하여 /

a crowd came together / in bewilderment. /

왜냐하면 각 사람이 들었기 때문입니다 그들 자신의 언어가 말해지는 것을

because each one heard their own language being spoken.

Remember and write.

그 때에 머물고 있었습니다 예루살렘에 /

경건한 유대 사람들이 / 각 나라에서 온 하늘 아래에 있는

그들이 이 소리를 들었을 때 /

군중이 모였습니다 / 당황하여 /

왜냐하면 각 사람이 들었기 때문입니다 그들 자신의 언어가 말해지는 것을

Remember and write.

Verse Work

Answer.

1. Who were staying in Jerusalem?

____

____

2. Why were the crowd bewildered?

____

____

Answer Key: 1. God-fearing Jews from every nation under heaven
2. They heard their own language being spoken.

17 Acts 2:7-8

[개역개정] 사도행전 2:7-8

다 놀라 신기하게 여겨 이르되 보라 이 말하는 사람들이 다 갈릴리 사람이 아니냐 우리가 우리 각 사람이 난 곳 방언으로 듣게 되는 것이 어찌 됨이냐

Chunk by chunk! 궁금한 순서로 이해해 보세요.

매우 놀라서 / 그들이 물었습니다

Utterly amazed, / they **asked**:

이 사람들은 모두 아닙니까 / 말하고 있는 / 갈릴리 사람들이

"**Aren't all these** / who are **speaking** / **Galileans**?

그런데 어떻게 된 일입니까 /

Then how is it /

우리 각 사람이 그들을 듣고 있으니 / 우리 모국어로

that **each** of us **hears** them / in our **native language**?

Read aloud and memorize!

궁금한 순서를 느끼면서, 박자에 맞춰 큰 소리로 읽고 암송해보세요. (붉은색으로 칠해진 단어는 강하고 길게 발음합니다.)

Words note! 확신이 없는 단어를 체크한 후 쓰면서 익히세요.

- ☐ **utterly** [ʌtərli] 아주, 매우
- ☐ **amazed** [əméizd] 놀란
- ☐ **ask** [æsk] ~을 묻다, 물어보다
- ☐ **speak** [spi:k] 말하다
- ☐ **hear** [hiər] ~을 듣다
- ☐ **native language** 모국어

Quiet Time

Trace and write, chunk by chunk.

매우 놀라서 / 그들이 물었습니다

Utterly amazed, / they asked:

이 사람들은 모두 아닙니까 / 말하고 있는 / 갈릴리 사람들이

"Aren't all these / who are speaking / Galileans?

그런데 어떻게 된 일입니까 /

Then how is it /

우리 각 사람이 그들을 듣고 있으니 / 우리 모국어로

that each of us hears them / in our native language?

Remember and write.

매우 놀라서 / 그들이 물었습니다

이 사람들은 모두 아닙니까 / 말하고 있는 / 갈릴리 사람들이

그런데 어떻게 된 일입니까 /

우리 각 사람이 그들을 듣고 있으니 / 우리 모국어로

Remember and write.

18 Acts 2:9-11

[개역개정] 사도행전 2:9-11

우리는 바대인과 메대인과 엘람인과 또 메소보다미아, 유대와 갑바도기아, 본도와 아시아 브루기아와 밤빌리아, 애굽과 및 구레네에 가까운 리비야 여러 지방에 사는 사람들과 로마로부터 온 나그네 곧 유대인과 유대교에 들어 온 사람들과 그레데인과 아라비아인들이라 우리가 다 우리의 각 언어로 하나님의 큰 일을 말함을 듣는도다 하고

Chunk by chunk! 궁금한 순서로 이해해 보세요.

바대 사람들 메데 사람들과 엘람 사람들 /

Parthians, **Medes** and **Elamites**; /

메소보다미아의 주민들 / 유대와 갑바도기아의 주민들 /

residents of **Mesopotamia**, / **Judea** and **Cappadocia**, /

본도와 아시아의 주민들 / 브루기와 밤빌리아의 주민들 / 이집트의 주민들 /

Pontus and **Asia**, / **Phrygia** and **Pamphylia**, / **Egypt** /

그리고 구레네 근처의 리비아 지역들의 주민들 /

and the **parts** of **Libya near Cyrene**; /

로마에서 온 방문자들 / 즉 유대 사람들과 유대교로 개종한 사람들 둘 다 /

visitors from **Rome** / (**both Jews** and **converts** to **Judaism**); /

그레데 사람들과 아랍 사람들 /

Cretans and **Arabs** — /

우리는 듣습니다 그들이 말하고 있는 것을 하나님의 놀라운 일들을 /

we **hear** them **declaring** the **wonders** of **God** /

우리 자신의 언어들로

in our **own tongues**!"

Read aloud and memorize!

궁금한 순서를 느끼면서, 박자에 맞춰 큰 소리로 읽고 암송해보세요. (붉은색으로 칠해진 단어는 강하고 길게 발음합니다.)

Words note! 확신이 없는 단어를 체크한 후 쓰면서 익히세요.

☐ **resident** [rézədnt] 주민

☐ **part** [pa:rt] 지방, 지역, 지구

☐ **visitor** [vízitər] 방문자

☐ **convert** [kənvə́:rt] (~으로의) 개종자 (to …)

☐ **Judaism** [dʒú:diìzm] 유대교

☐ **declare** [diklέər] (분명히) 말하다, 언명하다; ~을 선언하다

☐ **wonder** [wΛndər] 놀라운 일

☐ **own** [oun] (소유를 나타내어 강조어로서) 자기 자신의

☐ **tongue** [tʌŋ] 언어, 방언

Trace and write, chunk by chunk.

바대 사람들 메대 사람들과 엘람 사람들 /

Parthians, Medes and Elamites; /

메소보다미아의 주민들 / 유대와 갑바도기아의 주민들 /

residents of Mesopotamia, / Judea and Cappadocia, /

본도와 아시아의 주민들 / 브루기아와 밤빌리아의 주민들 / 이집트의 주민들 /

Pontus and Asia, / Phrygia and Pamphylia, / Egypt /

그리고 구레네 근처의 리비아 지역들의 주민들 /

and the parts of Libya near Cyrene; /

로마에서 온 방문자들 / 즉 유대 사람들과 유대교로 개종한 사람들 둘 다 /

visitors from Rome / (both Jews and converts to Judaism); /

그레데 사람들과 아랍 사람들 /

Cretans and Arabs — /

우리는 듣습니다 그들이 말하고 있는 것을 하나님의 놀라운 일들을 /

we hear them declaring the wonders of God /

우리 자신의 언어들로

in our own tongues!"

Remember and write.

바대 사람들 메데 사람들과 엘람 사람들 /

메소보다미아의 주민들 / 유대와 갑바도기아의 주민들 /

본도와 아시아의 주민들 / 브루기아와 밤빌리아의 주민들 / 이집트의 주민들 /

그리고 구레네 근처의 리비아 지역들의 주민들 /

로마에서 온 방문자들 / 즉 유대 사람들과 유대교로 개종한 사람들 둘 다 /

그레데 사람들과 아랍 사람들 /

우리는 듣습니다 그들이 말하고 있는 것을 하나님의 놀라운 일들을 /

우리 자신의 언어들로

Remember and write.

Verse Work

Answer.

What did the crowd say when they heard the Galileans?

____

____

Answer Key: "We hear them declaring the wonders of God in our own tongues."

19 Acts 2:12-13

[개역개정] 사도행전 2:12-13

다 놀라며 당황하여 서로 이르되 이 어찌 된 일이냐 하며 또 어떤 이들은 조롱하여 이르되 그들이 새 술에 취하였다 하더라

Chunk by chunk! 궁금한 순서로 이해해 보세요.

놀라고 당황해서 /
Amazed and **perplexed**, /

그들은 서로에게 물었습니다 /
they **asked one another**, /

무엇을 이것은 뜻하는 것입니까
"**What** does **this mean**?"

어떤 사람들은 그러나 / 그들을 조롱하면서 / 말했습니다 /
Some, **however**, / **made fun** of them / and **said**, /

그들이 술을 너무 많이 마셨습니다
"They have **had too much wine**."

Read aloud and memorize!

궁금한 순서를 느끼면서, 박자에 맞춰 큰 소리로 읽고 암송해보세요. (붉은색으로 칠해진 단어는 강하고 길게 발음합니다.)

Words note! 확신이 없는 단어를 체크한 후 쓰면서 익히세요.

- ☐ **amazed** [əméizd] 놀란

- ☐ **perplexed** [pərplékst] 당혹한, 어찌할 바를 모르는

- ☐ **ask** [æsk] ~을 묻다, 물어보다

- ☐ **one another** 서로

- ☐ **mean** [mi:n] ~을 의미하다

- ☐ **make fun of …** ~을 놀리다, 조롱하다

- ☐ **have wine** 술을 마시다

Quiet Time

Trace and write, chunk by chunk.

놀라고 당황해서 /

Amazed and perplexed, /

그들은 서로에게 물었습니다 /

they asked one another, /

무엇을 이것은 뜻하는 것입니까

"What does this mean?"

어떤 사람들은 그러나 / 그들을 조롱하면서 / 말했습니다 /

Some, however, / made fun of them / and said, /

그들이 술을 너무 많이 마셨습니다

"They have had too much wine."

Remember and write.

놀라고 당황해서 /

그들은 서로에게 물었습니다 /

무엇을 이것은 뜻하는 것입니까

어떤 사람들은 그러나 / 그들을 조롱하면서 / 말했습니다 /

그들이 술을 너무 많이 마셨습니다

Remember and write.

Verse Work

Answer.

1. How did the crowd react to the Galileans?

____

2. What explanation did some of the crowd offer for what had happened?

____

Answer Key: 1. They were amazed and perplexed.
2. They were drunk / They have had too much wine.

이어서 말해보기 03

Acts 2:1-13

Let's read with stress and rhythm!

궁금한 순서에 따라, 강세와 박자에 맞춰, 큰 소리로 읽어 보세요. (그러면 영어가 뚫립니다.)
붉은색으로 칠해진 단어는 강하고 길게 발음합니다.

The Holy Spirit Comes at Pentecost

1 When the **day** of **Pentecost came**,
they were **all together** in **one place**.
2 **Suddenly**
a **sound** like the **blowing** of a **violent wind**
came from **heaven**
and **filled** the **whole house** where they were **sitting**.
3 They **saw what seemed** to be **tongues** of **fire**
that **separated** and **came** to **rest** on **each** of them.
4 **All** of them were **filled** with the **Holy Spirit**
and **began** to **speak** in **other tongues**
as the **Spirit enabled** them.
5 **Now** there were **staying** in **Jerusalem**

God-fearing Jews from every nation under heaven.

6 When they heard this sound,

a crowd came together in bewilderment,

because each one heard their own language being spoken.

7 Utterly amazed, they asked:

"Aren't all these who are speaking Galileans?

8 Then how is it

that each of us hears them in our native language?

9 Parthians, Medes and Elamites;

residents of Mesopotamia,

Judea and Cappadocia, Pontus and Asia,

10 Phrygia and Pamphylia, Egypt

and the parts of Libya near Cyrene;

visitors from Rome

11 (both Jews and converts to Judaism);

Cretans and Arabs —

we hear them declaring the wonders of God

in our own tongues!"

12 Amazed and perplexed,

they asked one another,

"What does this mean?"

13 Some, however, made fun of them

and said, "They have had too much wine."

04

Peter Addresses the Crowd

20 Acts 2:14-15

[개역개정] 사도행전 2:14-15

베드로가 열한 사도와 함께 서서 소리를 높여 이르되 유대인들과 예루살렘에 사는 모든 사람들아 이 일을 너희로 알게 할 것이니 내 말에 귀를 기울이라 때가 제 삼 시니 너희 생각과 같이 이 사람들이 취한 것이 아니라

Chunk by chunk! 궁금한 순서로 이해해 보세요.

Peter Addresses the Crowd

(베드로가 군중에게 연설하다)

그러자 베드로가 일어서서 / 열한 사도와 함께 /

Then Peter stood up / with the **Eleven**, /

그의 목소리를 높여 / 그 군중에게 연설했습니다

raised his **voice** / and **addressed** the **crowd**:

동료 유대인 여러분 / 그리고 모든 여러분 / 예루살렘에 사는 /

"**Fellow Jews** / and **all** of you / who **live** in **Jerusalem**, /

내가 이것을 설명하게 해주십시오 여러분에게 /

let me **explain this** to you; /

주의 깊게 들어보십시오 내가 말하는 것에

listen carefully to **what** I **say**.

이 사람들은 술에 취하지 않았습니다 / 여러분이 추측한 대로

These people are **not drunk**, / as you **suppose**.

아직 오전 아홉 시입니다

It's **only nine** in the **morning**!

Read aloud and memorize!

궁금한 순서를 느끼면서, 박자에 맞춰 큰 소리로 읽고 암송해보세요. (붉은색으로 칠해진 단어는 강하고 길게 발음합니다.)

Words note! 확신이 없는 단어를 체크한 후 쓰면서 익히세요.

☐ **address** [ədrés, ǽdres | ədrés] 연설하다

☐ **crowd** [kraud] 군중, 인파

☐ **raise one's voice** (~의) 목소리를 크게 하다, 높이다

☐ **fellow** [félou] 동료(의)

☐ **explain** [ikspléin] 설명하다

☐ **listen to …** ~를 듣다, ~에 귀를 기울이다

☐ **drunk** [drʌŋk] 취한

☐ **suppose** [səpóuz] 생각하다, 추측하다

Trace and write, chunk by chunk.

베드로가 군중에게 연설하다

Peter Addresses the Crowd

그러자 베드로가 일어서서 / 열한 사도와 함께 /

Then Peter stood up / with the Eleven, /

그의 목소리를 높여 / 그 군중에게 연설했습니다

raised his voice / and addressed the crowd:

동료 유대인 여러분 / 그리고 모든 여러분 / 예루살렘에 사는 /

"Fellow Jews / and all of you / who live in Jerusalem, /

내가 이것을 설명하게 해주십시오 여러분에게 /

let me explain this to you; /

주의 깊게 들어보십시오 내가 말하는 것에

listen carefully to what I say.

이 사람들은 술에 취하지 않았습니다 / 여러분이 추측한 대로

These people are not drunk, / as you suppose.

아직 오전 아홉 시입니다

It's only nine in the morning!

Remember and write.

베드로가 군중에게 연설하다

그러자 베드로가 일어서서 / 열한 사도와 함께 /

그의 목소리를 높여 / 그 군중에게 연설했습니다

동료 유대인 여러분 / 그리고 모든 여러분 / 예루살렘에 사는 /

내가 이것을 설명하게 해주십시오 여러분에게 /

주의 깊게 들어보십시오 내가 말하는 것에

이 사람들은 술에 취하지 않았습니다 / 여러분이 추측한 대로

아직 오전 아홉 시입니다

Remember and write.

21 Acts 2:16-18

[개역개정] 사도행전 2:16-18

이는 곧 선지자 요엘을 통하여 말씀하신 것이니 일렀으되 하나님이 말씀하시기를 말세에 내가 내 영을 모든 육체에 부어 주리니 너희의 자녀들은 예언할 것이요 너희의 젊은이들은 환상을 보고 너희의 늙은이들은 꿈을 꾸리라 그 때에 내가 내 영을 내 남종과 여종들에게 부어 주리니 그들이 예언할 것이요

Chunk by chunk! 궁금한 순서로 이해해 보세요.

아닙니다 / 이것은 / 말씀하신 것입니다 예언자 요엘을 통해

No, / **this** is / **what** was **spoken** by the **prophet Joel**:

'마지막 날들에 / 하나님께서 말씀하셨습니다 /

"'In the **last days**, / **God says**, /

내가 쏟아 부어 주겠다 내 영을 / 모든 사람들 위에

I will **pour out** my **Spirit** / on **all people**.

너희의 아들들과 딸들은 예언할 것이다 /

Your **sons** and **daughters** will **prophesy**, /

너희의 젊은이들은 환상들을 볼 것이다 /

your **young men** will **see visions**, /

너희의 늙은이들은 꿈들을 꿀 것이다

your **old men** will **dream dreams**.

심지어 내 종들 위에도 / 남자들과 여자들 둘 다 /
Even on my **servants**, / **both men** and **women**, /

내가 쏟아 부어 주겠다 내 영을 / 그 날들에 /
I will **pour out** my **Spirit** / in **those days**, /

그러면 그들은 예언할 것이다
and they will **prophesy**.

Read aloud and memorize!

궁금한 순서를 느끼면서, 박자에 맞춰 큰 소리로 읽고 암송해보세요. (붉은색으로 칠해진 단어는 강하고 길게 발음합니다.)

Words note! 확신이 없는 단어를 체크한 후 쓰면서 익히세요.

☐ **speak** [spi:k] 말하다

☐ **prophet** [práfit] 예언자

☐ **pour out …** ~을 쏟아 붓다, 퍼붓다

☐ **spirit** [spírit] (종종 Spirit) 영 (靈) (soul)

☐ **son** [sʌn] 아들

☐ **daughter** [dɔ́:tər] 딸

☐ **prophesy** [prɑ́fəsài] ~을 예언하다

☐ **vision** [víʒən] 환상

☐ **dream** [dri:m] (~의) 꿈을 꾸다; 꿈

Quiet Time

Trace and write, chunk by chunk.

아닙니다 / 이것은 / 말씀하신 것입니다 예언자 요엘을 통해

No. / this is / what was spoken by the prophet Joel:

'마지막 날들에 / 하나님께서 말씀하셨습니다 /

"'In the last days, / God says, /

내가 쏟아 부어 주겠다 내 영을 / 모든 사람들 위에

I will pour out my Spirit / on all people.

너희의 아들들과 딸들은 예언할 것이다 /

Your sons and daughters will prophesy. /

너희의 젊은이들은 환상들을 볼 것이다 /

your young men will see visions. /

너희의 늙은이들은 꿈들을 꿀 것이다

your old men will dream dreams.

심지어 내 종들 위에도 / 남자들과 여자들 둘 다 /

Even on my servants, / both men and women, /

내가 쏟아 부어 주겠다 내 영을 / 그 날들에 /

I will pour out my Spirit / in those days, /

그러면 그들은 예언할 것이다

and they will prophesy.

Remember and write.

아닙니다 / 이것은 / 말씀하신 것입니다 예언자 요엘을 통해

'마지막 날들에 / 하나님께서 말씀하셨습니다 /

내가 쏟아 부어 주겠다 내 영을 / 모든 사람들 위에

너희의 아들들과 딸들은 예언할 것이다 /

너희의 젊은이들은 환상들을 볼 것이다 /

너희의 늙은이들은 꿈들을 꿀 것이다

심지어 내 종들 위에도 / 남자들과 여자들 둘 다 /

내가 쏟아 부어 주겠다 내 영을 / 그 날들에 /

그러면 그들은 예언할 것이다

Remember and write.

22 Acts 2:19-21

[개역개정] 사도행전 2:19-21

또 내가 위로 하늘에서는 기사를 아래로 땅에서는 징조를 베풀리니 곧 피와 불과 연기로다 주의 크고 영화로운 날이 이르기 전에 해가 변하여 어두워지고 달이 변하여 피가 되리라 누구든지 주의 이름을 부르는 자는 구원을 받으리라 하였느니라

Chunk by chunk! 궁금한 순서로 이해해 보세요.

내가 보여 주겠다 / 놀라운 일들을 하늘에서는 위로 /

I will **show** / **wonders** in the **heavens above** /

그리고 징조들을 땅에서는 아래로 /

and **signs** on the **earth below**, /

곧 피 / 그리고 불 / 그리고 소용돌이치는 연기다

blood / and **fire** / and **billows** of **smoke**.

해는 변할 것이다 어둠으로 /

The **sun** will be **turned** to **darkness** /

달은 피로 /

and the **moon** to **blood** /

오기 전에 / 주님의 크고 영광스러운 날이

before the **coming** / of the **great** and **glorious day** of the **Lord**.

그리고 모든 사람은 / 주님의 이름을 불러 기도하는 /

And **everyone** / who **calls** on the **name** of the **Lord** /

구원을 받을 것이다' 라고

will be **saved**.'

Read aloud and memorize!

궁금한 순서를 느끼면서, 박자에 맞춰 큰 소리로 읽고 암송해보세요. (붉은색으로 칠해진 단어는 강하고 길게 발음합니다.)

Words note! 확신이 없는 단어를 체크한 후 쓰면서 익히세요.

- ☐ **wonder** [wʌndər] 놀라운 일

- ☐ **sign** [sain] 징조, 표징, 표적

- ☐ **billow** [bílou] (불꽃, 연기 등의) 큰 소용돌이

- ☐ **turn to …** ~으로 변하다, 되다

- ☐ **darkness** [dɑ́:rknis] 어둠, 검음

- ☐ **blood** [blʌd] 피

- ☐ **glorious** [glɔ́:riəs] 영광스러운

- ☐ **call on …** ~을 부르다; (하느님 등의 이름)을 불러 기도하다

- ☐ **save** [seiv] 구하다, 구원하다

Trace and write, chunk by chunk.

내가 보여 주겠다 / 놀라운 일들을 하늘에서는 위로 /

I will show / wonders in the heavens above /

그리고 징조들을 땅에서는 아래로 /

and signs on the earth below. /

곧 피 / 그리고 불 / 그리고 소용돌이치는 연기다

blood / and fire / and billows of smoke.

해는 변할 것이다 어둠으로 /

The sun will be turned to darkness /

달은 피로 /

and the moon to blood /

오기 전에 / 주님의 크고 영광스러운 날이

before the coming / of the great and glorious day of the Lord.

그리고 모든 사람은 / 주님의 이름을 불러 기도하는 /

And everyone / who calls on the name of the Lord /

구원을 받을 것이다' 라고

will be saved.'

Remember and write.

내가 보여 주겠다 / 놀라운 일들을 하늘에서는 위로 /

그리고 징조들을 땅에서는 아래로 /

곧 피 / 그리고 불 / 그리고 소용돌이치는 연기다

해는 변할 것이다 어둠으로 /

달은 피로 /

오기 전에 / 주님의 크고 영광스러운 날이

그리고 모든 사람은 / 주님의 이름을 불러 기도하는 /

구원을 받을 것이다' 라고

Remember and write.

23 Acts 2:22

[개역개정] 사도행전 2:22

이스라엘 사람들아 이 말을 들으라 너희도 아는 바와 같이 하나님께서 나사렛 예수로 큰 권능과 기사와 표적을 너희 가운데서 베푸사 너희 앞에서 그를 증언하셨느니라

Chunk by chunk! 궁금한 순서로 이해해 보세요.

동료 이스라엘인 여러분 / 이 말을 들어 주십시오

"**Fellow Israelites**, / **listen** to **this**:

나사렛 예수님은 사람이셨습니다 /

Jesus of **Nazareth** was a **man** /

하나님에 의해서 승인받으신 여러분에게 /

accredited by **God** to you /

기적들 놀라운 일들 그리고 표적들에 의하여 /

by **miracles**, **wonders** and **signs**, /

그것들을 하나님께서 행하셨습니다 / 여러분 가운데서 그분을 통해 /

which **God did** / **among** you **through** him, /

여러분 자신도 알다시피

as you **yourselves know**.

Read aloud and memorize!

궁금한 순서를 느끼면서, 박자에 맞춰 큰 소리로 읽고 암송해보세요. (붉은색으로 칠해진 단어는 강하고 길게 발음합니다.)

Words note! 확신이 없는 단어를 체크한 후 쓰면서 익히세요.

- ☐ **fellow** [félou] 동료(의)
- ☐ **accredit** [əkrédit] 승인하다, 파견하다
- ☐ **miracle** [mírəkl] 기적
- ☐ **wonder** [wʌndər] 놀라운 일
- ☐ **sign** [sain] 징조, 표징, 표적
- ☐ **do** [du, də; (강) du:] ~을 하다, 행하다
- ☐ **know** [nou] 알다, 알고 있다

Quiet Time

Trace and write, chunk by chunk.

동료 이스라엘인 여러분 / 이 말을 들어 주십시오

"Fellow Israelites, / listen to this:

나사렛 예수님은 사람이셨습니다 /

Jesus of Nazareth was a man /

하나님에 의해서 승인받으신 여러분에게 /

accredited by God to you /

기적들 놀라운 일들 그리고 표적들에 의하여 /

by miracles, wonders and signs, /

그것들을 하나님께서 행하셨습니다 / 여러분 가운데서 그분을 통해 /

which God did / among you through him, /

여러분 자신도 알다시피

as you yourselves know.

Remember and write.

동료 이스라엘인 여러분 / 이 말을 들어 주십시오

나사렛 예수님은 사람이셨습니다 /

하나님에 의해서 승인받으신 여러분에게 /

기적들 놀라운 일들 그리고 표적들에 의하여 /

그것들을 하나님께서 행하셨습니다 / 여러분 가운데서 그분을 통해 /

여러분 자신도 알다시피

Remember and write.

Verse Work

Answer.

1. Who told the Israelites about Jesus of Nazareth?

____

2. What did Peter say about Jesus of Nazareth?

____

____

____

____

Answer Key: 1. Peter
2. "Jesus of Nazareth was a man accredited by God to you by miracles, wonders and signs, which God did among you through him."

24 Acts 2:23

[개역개정] 사도행전 2:23

그가 하나님께서 정하신 뜻과 미리 아신 대로 내준 바 되었거늘 너희가 법 없는 자들의 손을 빌려 못 박아 죽였으나

Chunk by chunk! 궁금한 순서로 이해해 보세요.

이 분은 넘겨졌습니다 여러분에게 /

This man was **handed over** to you /

하나님의 의도적인 계획과 예지에 의하여 /

by **God's deliberate plan** and **foreknowledge**; /

그리고 여러분은 / 악한 사람들의 도움으로 /

and you, / with the **help** of **wicked men**, /

그분을 죽게 했습니다 / 그분을 못 박아서 십자가에

put him to **death** / by **nailing** him to the **cross**.

Read aloud and memorize!

궁금한 순서를 느끼면서, 박자에 맞춰 큰 소리로 읽고 암송해보세요. (붉은색으로 칠해진 단어는 강하고 길게 발음합니다.)

Words note! 확신이 없는 단어를 체크한 후 쓰면서 익히세요.

- ☐ **hand … over to …** ~을 ~에게 건네주다
- ☐ **deliberate** [dilíbərət] 의도적인, 계획적인
- ☐ **foreknowledge** [fɔ́:rnàlidʒ] 예지, 선견지명
- ☐ **wicked** [wíkid] 악한, 악의있는
- ☐ **put … to death** ~를 죽게하다
- ☐ **nail** [neil] 못박다

Quiet Time

Trace and write, chunk by chunk.

이 분은 넘겨졌습니다 여러분에게 /

This man was handed over to you /

하나님의 의도적인 계획과 예지에 의하여 /

by God's deliberate plan and foreknowledge; /

그리고 여러분은 / 악한 사람들의 도움으로 /

and you, / with the help of wicked men, /

그분을 죽게 했습니다 / 그분을 못 박아서 십자가에

put him to death / by nailing him to the cross.

Remember and write.

이 분은 넘겨졌습니다 여러분에게 /

하나님의 의도적인 계획과 예지에 의하여 /

그리고 여러분은 / 악한 사람들의 도움으로 /

그분을 죽게 했습니다 / 그분을 못 박아서 십자가에

Remember and write.

25 Acts 2:24-25

[개역개정] 사도행전 2:24-25

하나님께서 그를 사망의 고통에서 풀어 살리셨으니 이는 그가 사망에 매여 있을 수 없었음이라 다윗이 그를 가리켜 이르되 내가 항상 내 앞에 계신 주를 뵈었음이여 나로 요동하지 않게 하시 위하여 그가 내 우편에 계시도다

Chunk by chunk! 궁금한 순서로 이해해 보세요.

그러나 하나님께서 그분을 다시 살리시고 죽은 자 가운데 /

But **God raised** him from the **dead**, /

그분을 자유롭게 하셨습니다 죽음의 고통에서 /

freeing him from the **agony** of **death**, /

왜냐하면 있을 수 없었기 때문입니다 /

because it was **impossible** /

죽음이 그분을 붙잡아 두는 것은

for **death** to **keep** its **hold** on him.

다윗은 그분에 대해서 말했습니다

David said about him:

'나는 주님을 봤습니다 / 항상 내 앞에 계시는

"'I **saw** the **Lord** / **always before** me.

그분이 나의 오른편에 계시기 때문에 /

Because he is at my **right hand**, /

나는 흔들리지 않을 것입니다

I will **not** be **shaken**.

Read aloud and memorize!

궁금한 순서를 느끼면서, 박자에 맞춰 큰 소리로 읽고 암송해보세요. (붉은색으로 칠해진 단어는 강하고 길게 발음합니다.)

Words note! 확신이 없는 단어를 체크한 후 쓰면서 익히세요.

☐ **raise** [reiz] 되살아나게 하다, 되살리다

☐ **the dead** (집합적) 죽은 사람(들)

☐ **free … from …** ~를 ~에서 자유롭게 하다

☐ **agony** [ǽgəni] 고통

☐ **impossible** [impάsəbl] 도저히 있을 수 없는

☐ **keep one's hold on …** ~을 (꼭) 붙들고 있다, 붙잡고 있다

☐ **shake** [ʃeik] 흔들어 놓다, 동요시키다

Quiet Time

Trace and write, chunk by chunk.

그러나 하나님께서 그분을 다시 살리시고 죽은 자 가운데 /

But God raised him from the dead. /

그분을 자유롭게 하셨습니다 죽음의 고통에서 /

freeing him from the agony of death. /

왜냐하면 있을 수 없었기 때문입니다 /

because it was impossible /

죽음이 그분을 붙잡아 두는 것은

for death to keep its hold on him.

다윗은 그분에 대해서 말했습니다

David said about him:

'나는 주님을 봤습니다 / 항상 내 앞에 계시는

"'I saw the Lord / always before me.

그분이 나의 오른편에 계시기 때문에 /

Because he is at my right hand, /

나는 흔들리지 않을 것입니다

I will not be shaken.

Remember and write.

그러나 하나님께서 그분을 다시 살리시고 죽은 자 가운데 /

그분을 자유롭게 하셨습니다 죽음의 고통에서 /

왜냐하면 있을 수 없었기 때문입니다 /

죽음이 그분을 붙잡아 두는 것은

다윗은 그분에 대해서 말했습니다

'나는 주님을 봤습니다 / 항상 내 앞에 계시는

그분이 나의 오른편에 계시기 때문에 /

나는 흔들리지 않을 것입니다

Remember and write.

26 Acts 2:26-28

[개역개정] 사도행전 2:26-28

그러므로 내 마음이 기뻐하였고 내 혀도 즐거워하였으며 육체도 희망에 거하리니 이는 내 영혼을 음부에 버리지 아니하시며 주의 거룩한 자로 썩음을 당하지 않게 하실 것임이로다 주께서 생명의 길을 내게 보이셨으니 주 앞에서 내게 기쁨이 충만하게 하시리로다 하였으므로

Chunk by chunk! 궁금한 순서로 이해해 보세요.

그러므로 / 내 마음은 기쁩니다 /
Therefore / my **heart** is **glad** /

그리고 내 혀는 즐거워합니다 /
and my **tongue rejoices**; /

내 육체 또한 편히 쉴 것입니다 희망 속에 /
my **body also** will **rest** in **hope**, /

왜냐하면 당신은 나를 버리지 않으실 것이기 때문입니다 / 죽음의 영역에 /
because you will **not abandon** me / to the **realm** of the **dead**, /

당신은 ~하지 않게 하실 것이기 때문입니다 당신의 거룩하신 분이 썩음을 보지 않게
you will **not let your holy one see decay**.

당신은 알려 주셨습니다 내게 / 생명의 길들을 /
You have **made known** to me / the **paths** of **life**; /

당신은 나를 채울 것입니다 기쁨으로 / 당신 앞에서' 라고
you will **fill** me with **joy** / in your **presence**.'

Read aloud and memorize!

궁금한 순서를 느끼면서, 박자에 맞춰 큰 소리로 읽고 암송해보세요. (붉은색으로 칠해진 단어는 강하고 길게 발음합니다.)

Words note! 확신이 없는 단어를 체크한 후 쓰면서 익히세요.

- ☐ **rejoice** [ridʒɔ́is] 기뻐하다
- ☐ **rest** [rest] 쉬다, 휴식하다
- ☐ **abandon** [əbǽndən] ~을 버리다, 떠나다
- ☐ **realm** [relm] 영역, 범위
- ☐ **decay** [dikéi] 썩음, 부패
- ☐ **make known** 알리다, 소개하다
- ☐ **path** [pæθ] 길
- ☐ **fill … with …** ~를 ~로 채우다, 충만하게 하다
- ☐ **presence** [prézns] 남 앞, 면전

Trace and write, chunk by chunk.

그러므로 / 내 마음은 기쁩니다 /

Therefore / my heart is glad /

그리고 내 혀는 즐거워합니다 /

and my tongue rejoices; /

내 육체 또한 편히 쉴 것입니다 희망 속에 /

my body also will rest in hope, /

왜냐하면 당신은 나를 버리지 않으실 것이기 때문입니다 / 죽음의 영역에 /

because you will not abandon me / to the realm of the dead, /

당신은 ~하지 않게 하실 것이기 때문입니다 당신의 거룩하신 분이 썩음을 보지 않게

you will not let your holy one see decay.

당신은 알려 주셨습니다 내게 / 생명의 길들을 /

You have made known to me / the paths of life; /

당신은 나를 채울 것입니다 기쁨으로 / 당신 앞에서' 라고

you will fill me with joy / in your presence.'

Remember and write.

그러므로 / 내 마음은 기쁩니다 /

그리고 내 혀는 즐거워합니다 /

내 육체 또한 편히 쉴 것입니다 희망 속에 /

왜냐하면 당신은 나를 버리지 않으실 것이기 때문입니다 / 죽음의 영역에 /

당신은 ~하지 않게 하실 것이기 때문입니다 당신의 거룩하신 분이 썩음을 보지 않게

당신은 알려 주셨습니다 내게 / 생명의 길들을 /

당신은 나를 채울 것입니다 기쁨으로 / 당신 앞에서' 라고

Remember and write.

27 Acts 2:29-30

[개역개정] 사도행전 2:29-30

형제들아 내가 조상 다윗에 대하여 담대히 말할 수 있노니 다윗이 죽어 장사되어 그 묘가 오늘까지 우리 중에 있도다 그는 선지자라 하나님이 이미 맹세하사 그 자손 중에서 한 사람을 그 위에 앉게 하리라 하심을 알고

Chunk by chunk! 궁금한 순서로 이해해 보세요.

동료 이스라엘인 여러분 /
"**Fellow Israelites**, /

나는 여러분에게 말할 수 있습니다 자신있게 /
I can **tell** you **confidently** /

족장 다윗이 죽어서 / 묻혔음을 /
that the **patriarch David died** / and was **buried**, /

그래서 그의 무덤이 여기에 있음을 이 날까지
and his **tomb** is **here** to **this day**.

그러나 그는 예언자여서 / 알았습니다 /
But he was a **prophet** / and **knew** /

하나님께서 그에게 맹세하신 것을 /
that **God** had **promised** him on **oath** /

그분께서 앉히시겠다고 그의 자손들 중 한 사람을 / 그의 왕좌에
that he would **place one** of his **descendants** / on his **throne**.

Read aloud and memorize!

궁금한 순서를 느끼면서, 박자에 맞춰 큰 소리로 읽고 암송해보세요. (붉은색으로 칠해진 단어는 강하고 길게 발음합니다.)

Words note! 확신이 없는 단어를 체크한 후 쓰면서 익히세요.

- ☐ **confidently** [kάnfədəntli] 자신있게, 확신하여
- ☐ **patriarch** [péitriὰ:rk] 족장
- ☐ **bury** [béri] 묻다, 매장하다
- ☐ **promise … on oath** ~에게 맹세하다
- ☐ **place** [pleis] (~을) ~에 앉히다
- ☐ **descendant** [diséndənt] 자손, 후손
- ☐ **throne** [θroun] 옥좌, 왕자

Quiet Time

Trace and write, chunk by chunk.

동료 이스라엘인 여러분 /

"Fellow Israelites, /

나는 여러분에게 말할 수 있습니다 자신있게 /

I can tell you confidently /

족장 다윗이 죽어서 / 묻혔음을 /

that the patriarch David died / and was buried, /

그래서 그의 무덤이 여기에 있음을 이 날까지

and his tomb is here to this day.

그러나 그는 예언자여서 / 알았습니다 /

But he was a prophet / and knew /

하나님께서 그에게 맹세하신 것을 /

that God had promised him on oath /

그분께서 앉히시겠다고 그의 자손들 중 한 사람을 / 그의 왕좌에

that he would place one of his descendants / on his throne.

Remember and write.

동료 이스라엘인 여러분 /

나는 여러분에게 말할 수 있습니다 자신있게 /

족장 다윗이 죽어서 / 묻혔음을 /

그래서 그의 무덤이 여기에 있음을 이 날까지

그러나 그는 예언자여서 / 알았습니다 /

하나님께서 그에게 맹세하신 것을 /

그분께서 앉히시겠다고 그의 자손들 중 한 사람을 / 그의 왕좌에

Remember and write.

28 Acts 2:31

[개역개정] 사도행전 2:31

미리 본 고로 그리스도의 부활을 말하되 그가 음부에 버림이 되지 않고 그의 육신이 썩음을 당하지 아니하시리라 하더니

Chunk by chunk! 궁금한 순서로 이해해 보세요.

보았기 때문에 다가올 일을 /
Seeing what was to **come**, /

그는 말했습니다 구세주의 부활을 /
he **spoke** of the **resurrection** of the **Messiah**, /

그분은 버려지지 않으시고 / 죽음의 영역에 /
that he was **not abandoned** / to the **realm** of the **dead**, /

그분의 육신 또한 썩음을 보지 않았다고
nor did his **body see decay**.

Read aloud and memorize!

궁금한 순서를 느끼면서, 박자에 맞춰 큰 소리로 읽고 암송해보세요. (붉은색으로 칠해진 단어는 강하고 길게 발음합니다.)

Words note! 확신이 없는 단어를 체크한 후 쓰면서 익히세요.

- ☐ **see** [siː] ~을 알다; ~을 보다
- ☐ **come** [kʌm] (계절·사항 등이) 도래하다, 다가오다
- ☐ **speak of …** ~을 말하다
- ☐ **resurrection** [rèzərékʃən] 부활
- ☐ **abandon** [əbǽndən] ~을 버리다, 떠나다
- ☐ **realm** [relm] 영역, 범위
- ☐ **body** [bɑ́di] 몸
- ☐ **decay** [dikéi] 썩음, 부패

Trace and write, chunk by chunk.

보았기 때문에 다가올 일을 /

Seeing what was to come, /

그는 말했습니다 구세주의 부활을 /

he spoke of the resurrection of the Messiah, /

그분은 버려지지 않으시고 / 죽음의 영역에 /

that he was not abandoned / to the realm of the dead, /

그분의 육신 또한 썩음을 보지 않았다고

nor did his body see decay.

Remember and write.

보았기 때문에 다가올 일을 /

그는 말했습니다 구세주의 부활을 /

그분은 버려지지 않으시고 / 죽음의 영역에 /

그분의 육신 또한 썩음을 보지 않았다고

Remember and write.

29 Acts 2:32-33

[개역개정] 사도행전 2:32-33

이 예수를 하나님이 살리신지라 우리가 다 이 일에 증인이로다 하나님이 오른손으로 예수를 높이시매 그가 약속하신 성령을 아버지께 받아서 너희가 보고 듣는 이것을 부어 주셨느니라

Chunk by chunk! 궁금한 순서로 이해해 보세요.

하나님께서 이 예수님을 다시 살리셨습니다 생명으로 /

God has **raised this Jesus** to **life**, /

그리고 우리가 모두 그 일의 증인들입니다

and we are **all witnesses** of it.

높여지셨기 때문에 하나님의 오른편으로 /

Exalted to the **right hand** of **God**, /

그분은 받아서 아버지께로부터 / 약속하신 성령을 /

he has **received** from the **Father** / the **promised Holy Spirit** /

쏟아 부어 주셨습니다 / 여러분이 지금 보고 듣는 것을

and has **poured out** / **what** you **now see** and **hear**.

Read aloud and memorize!

궁금한 순서를 느끼면서, 박자에 맞춰 큰 소리로 읽고 암송해보세요. (붉은색으로 칠해진 단어는 강하고 길게 발음합니다.)

Words note! 확신이 없는 단어를 체크한 후 쓰면서 익히세요.

- ☐ **raise** [reiz] 되살아나게 하다, 되살리다
- ☐ **life** [laif] 생명
- ☐ **witness** [wítnis] 목격자, 증인
- ☐ **exalt** [igzɔ́:lt] ~을 높이다
- ☐ **receive** [risí:v] ~을 받다
- ☐ **promise** [prάmis] ~을 약속하다
- ☐ **pour out ···** ~을 쏟아 붓다, 퍼붓다

Quiet Time

Trace and write, chunk by chunk.

하나님께서 이 예수님을 다시 살리셨습니다 생명으로 /

God has raised this Jesus to life. /

그리고 우리가 모두 그 일의 증인들입니다

and we are all witnesses of it.

높여지셨기 때문에 하나님의 오른편으로 /

Exalted to the right hand of God, /

그분은 받아서 아버지께로부터 / 약속하신 성령을 /

he has received from the Father / the promised Holy Spirit /

쏟아 부어 주셨습니다 / 여러분이 지금 보고 듣는 것을

and has poured out / what you now see and hear.

Remember and write.

하나님께서 이 예수님을 다시 살리셨습니다 생명으로 /

그리고 우리가 모두 그 일의 증인들입니다

높여지셨기 때문에 하나님의 오른편으로 /

그분은 받아서 아버지께로부터 / 약속하신 성령을 /

쏟아 부어 주셨습니다 / 여러분이 지금 보고 듣는 것을

Remember and write.

Verse Work

Look up and write.

What has Jesus poured out from the Father?

____

[Acts 2:2] ____________________________________

[Acts 2:3] ____________________________________

[Acts 2:4] ____________________________________

Answer Key: What they now see and hear
[Acts 2:2] the blowing violent wind, [Acts 2:3] tongues of fire that separated,
[Acts 2:4] the filling of the Holy Spirit

30 Acts 2:34-36

[개역개정] 사도행전 2:34-36

다윗은 하늘에 올라가지 못하였으나 친히 말하여 이르되 주께서 내 주에게 말씀하시기를 내가 네 원수로 네 발등상이 되게 하기까지 너는 내 우편에 앉아 있으라 하셨도다 그런즉 이스라엘 온 집은 확실히 알지니 너희가 십자가에 못 박은 이 예수를 하나님이 주와 그리스도가 되게 하셨느니라 하니라

Chunk by chunk! 궁금한 순서로 이해해 보세요.

왜냐하면 다윗이 하늘로 올라가지 않았으나 /

For **David** did **not ascend** to **heaven**, /

그가 말했기 때문입니다 /

and **yet** he **said**, /

'주님께서 내 주께 말씀하셨다

"'The **Lord said** to my **Lord**:

앉아 있어라 내 오른편에 /

"**Sit** at my **right hand** /

내가 네 적들을 만들 때 까지 / 네 발을 위한 발판으로' 라고

until I **make** your **enemies** / a **footstool** for your **feet**."'

그러므로 / 온 이스라엘이 확신하게 하십시오 이것에 대해

"**Therefore** / **let all Israel** be **assured** of **this**:

하나님께서 이 예수님을 만드셨습니다 / 여러분이 십자가에 못 박은 /

God has **made this Jesus**, / whom you **crucified**, /

주이자 구세주로

both Lord and **Messiah**."

Read aloud and memorize!

궁금한 순서를 느끼면서, 박자에 맞춰 큰 소리로 읽고 암송해보세요. (붉은색으로 칠해진 단어는 강하고 길게 발음합니다.)

Words note! 확신이 없는 단어를 체크한 후 쓰면서 익히세요.

- ☐ **ascend** [əsénd] ~로 올라가다
- ☐ **sit** [sit] 앉다
- ☐ **enemy** [énəmi] 적, 원수
- ☐ **footstool** [futstu:l] 발판, 발등상
- ☐ **let** [let] ~하게 하다
- ☐ **assure of …** ~에 대해 확신하다, 장담하다
- ☐ **crucify** [krú:səfài] 십자가에 못박다

Quiet Time

Trace and write, chunk by chunk.

왜냐하면 다윗이 하늘로 올라가지 않았으나 /

For David did not ascend to heaven, /

그가 말했기 때문입니다 /

and yet he said, /

'주님께서 내 주께 말씀하셨다

"'The Lord said to my Lord:

앉아 있어라 내 오른편에 /

"Sit at my right hand /

내가 네 적들을 만들 때 까지 / 네 발을 위한 발판으로' 라고

until I make your enemies / a footstool for your feet.'"

그러므로 / 온 이스라엘이 확신하게 하십시오 이것에 대해

"Therefore / let all Israel be assured of this:

하나님께서 이 예수님을 만드셨습니다 / 여러분이 십자가에 못 박은 /

God has made this Jesus, / whom you crucified, /

주이자 구세주로

both Lord and Messiah."

Remember and write.

왜냐하면 다윗이 하늘로 올라가지 않았으나 /

그가 말했기 때문입니다 /

‘주님께서 내 주께 말씀하셨다

앉아 있어라 내 오른편에 /

내가 네 적들을 만들 때 까지 / 네 발을 위한 발판으로’ 라고

그러므로 / 온 이스라엘이 확신하게 하십시오 이것에 대해

하나님께서 이 예수님을 만드셨습니다 / 여러분이 십자가에 못 박은 /

주이자 구세주로

Remember and write.

31 Acts 2:37-38A

[개역개정] 사도행전 2:37-38A

그들이 이 말을 듣고 마음에 찔려 베드로와 다른 사도들에게 물어 이르되 형제들아 우리가 어찌 할꼬 하거늘 베드로가 이르되 너희가 회개하여 각각 예수 그리스도의 이름으로 세례를 받고 죄 사함을 받으라

Chunk by chunk! 궁금한 순서로 이해해 보세요.

사람들이 이 말을 들었을 때 /
When the **people heard this**, /

그들은 마음이 쪼개져 /
they were **cut** to the **heart** /

말했습니다 베드로와 다른 사도들에게 /
and **said** to **Peter** and the **other apostles**, /

형제들이여 / 무엇을 우리는 해야 합니까?
"**Brothers**, / **what** shall we **do**?"

베드로가 대답했습니다 /
Peter replied, /

회개하십시오 / 그리고 세례를 받으십시오 / 여러분 한 사람 한 사람 /
"**Repent** / and be **baptized**, / **every one** of you, /

예수 그리스도의 이름으로 /
in the **name** of **Jesus Christ** /

여러분의 죄들의 용서를 위해
for the **forgiveness** of your **sins**.

Read aloud and memorize!

궁금한 순서를 느끼면서, 박자에 맞춰 큰 소리로 읽고 암송해보세요. (붉은색으로 칠해진 단어는 강하고 길게 발음합니다.)

Words note! 확신이 없는 단어를 체크한 후 쓰면서 익히세요.

☐ **hear** [hiər] ~을 듣다

☐ **be cut to the heart** 마음이 찔리다, 쪼개지다

☐ **apostle** [əpάsl] 사도

☐ **repent** [ripént] (죄 등을) 뉘우치다, 회개하다

☐ **baptize** [bæptáiz] 세례를 베풀다

☐ **forgiveness** [fərgívnis] 용서

☐ **sin** [sin] 죄

Quiet Time

Trace and write, chunk by chunk.

사람들이 이 말을 들었을 때 /

When the people heard this, /

그들은 마음이 쪼개져 /

they were cut to the heart /

말했습니다 베드로와 다른 사도들에게 /

and said to Peter and the other apostles, /

형제들이여 / 무엇을 우리는 해야 합니까?

"Brothers, / what shall we do?"

베드로가 대답했습니다 /

Peter replied. /

회개하십시오 / 그리고 세례를 받으십시오 / 여러분 한 사람 한 사람 /

"Repent / and be baptized, / every one of you, /

예수 그리스도의 이름으로 /

in the name of Jesus Christ /

여러분의 죄들의 용서를 위해

for the forgiveness of your sins.

Remember and write.

사람들이 이 말을 들었을 때 /

그들은 마음이 쪼개져 /

말했습니다 베드로와 다른 사도들에게 /

형제들이여 / 무엇을 우리는 해야 합니까?

베드로가 대답했습니다 /

회개하십시오 / 그리고 세례를 받으십시오 / 여러분 한 사람 한 사람 /

예수 그리스도의 이름으로 /

여러분의 죄들의 용서를 위해

Remember and write.

32 Acts 2:38B-39

[개역개정] 사도행전 2:38B-39

그리하면 성령의 선물을 받으리니 이 약속은 너희와 너희 자녀와 모든 먼 데 사람 곧 주 우리 하나님이 얼마든지 부르시는 자들에게 하신 것이라 하고

Chunk by chunk! 궁금한 순서로 이해해 보세요.

그러면 여러분은 받을 것입니다 성령의 선물을

And you will **receive** the **gift** of the **Holy Spirit**.

그 약속은 여러분과 여러분의 자녀들을 위한 것입니다 /

The **promise** is for you and your **children** /

그리고 모두를 위한 것입니다 / 멀리 떨어져 있는 /

and for **all** / who are **far off** — /

곧 모두를 위한 것입니다 / 주 우리 하나님이 부르실

for **all** / whom the **Lord** our **God** will **call**."

Read aloud and memorize!

궁금한 순서를 느끼면서, 박자에 맞춰 큰 소리로 읽고 암송해보세요. (붉은색으로 칠해진 단어는 강하고 길게 발음합니다.)

Words note! 확신이 없는 단어를 체크한 후 쓰면서 익히세요.

☐ **receive** [risíːv] ~을 받다

☐ **gift** [gift] 선물

☐ **the Holy Spirit** 성령

☐ **promise** [prámis] 약속

☐ **children** [tʃíldrən] 아이들 (child의 복수형)

☐ **far off** 멀리 떨어진

☐ **call** [kɔːl] ~을 부르다

Quiet Time

Trace and write, chunk by chunk.

그러면 여러분은 받을 것입니다 성령의 선물을

And you will receive the gift of the Holy Spirit.

그 약속은 여러분과 여러분의 자녀들을 위한 것입니다 /

The promise is for you and your children /

그리고 모두를 위한 것입니다 / 멀리 떨어져 있는 /

and for all / who are far off – /

곧 모두를 위한 것입니다 / 주 우리 하나님이 부르실

for all / whom the Lord our God will call."

Remember and write.

그러면 여러분은 받을 것입니다 성령의 선물을

그 약속은 여러분과 여러분의 자녀들을 위한 것입니다 /

그리고 모두를 위한 것입니다 / 멀리 떨어져 있는 /

곧 모두를 위한 것입니다 / 주 우리 하나님이 부르실

Remember and write.

33 Acts 2:40-41

[개역개정] 사도행전 2:40-41

또 여러 말로 확증하며 권하여 이르되 너희가 이 패역한 세대에서 구원을 받으라 하니 그 말을 받은 사람들은 세례를 받으매 이 날에 신도의 수가 삼천이나 더하더라

Chunk by chunk! 궁금한 순서로 이해해 보세요.

많은 다른 말들로 / 그는 그들에게 경고했습니다 /

With **many other words** / he **warned** them; /

그리고 그는 그들에게 간청했습니다 /

and he **pleaded** with them, /

여러분 자신을 구원하십시오 / 이 타락한 세대로부터

"**Save yourselves** / from **this corrupt generation**."

사람들은 / 그의 메시지를 받아들인 /

Those / who **accepted** his **message** /

세례를 받았습니다 /

were **baptized**, /

그래서 약 삼천 명이 /

and **about three thousand** /

더해졌습니다 그들의 수에 / 그날

were **added** to their **number** / **that day**.

Read aloud and memorize!

궁금한 순서를 느끼면서, 박자에 맞춰 큰 소리로 읽고 암송해보세요. (붉은색으로 칠해진 단어는 강하고 길게 발음합니다.)

Words note! 확신이 없는 단어를 체크한 후 쓰면서 익히세요.

- ☐ **warn** [wɔːrn] 경고하다

- ☐ **plead with …** ~에게 호소하다, 간청하다

- ☐ **save** [seiv] 구하다, 구원하다

- ☐ **corrupt** [kərʌpt] 오염된, 타락한

- ☐ **generation** [dʒènəréiʃən] 세대

- ☐ **accept** [æksépt] ~을 받아들이다

- ☐ **baptize** [bæptáiz] 세례를 베풀다

- ☐ **thousand** [θáuzənd] 1000, 천

- ☐ **add to …** ~에 더하다

Trace and write, chunk by chunk.

많은 다른 말들로 / 그는 그들에게 경고했습니다 /

With many other words / he warned them: /

그리고 그는 그들에게 간청했습니다 /

and he pleaded with them. /

여러분 자신을 구원하십시오 / 이 타락한 세대로부터

"Save yourselves / from this corrupt generation."

사람들은 / 그의 메시지를 받아들인 /

Those / who accepted his message /

세례를 받았습니다 /

were baptized. /

그래서 약 삼천 명이 /

and about three thousand /

더해졌습니다 그들의 수에 / 그날

were added to their number / that day.

Remember and write.

많은 다른 말들로 / 그는 그들에게 경고했습니다 /

그리고 그는 그들에게 간청했습니다 /

여러분 자신을 구원하십시오 / 이 타락한 세대로부터

사람들은 / 그의 메시지를 받아들인 /

세례를 받았습니다 /

그래서 약 삼천 명이 /

더해졌습니다 그들의 수에 / 그날

Remember and write.

이어서
말해보기
04

Acts 2:14-41

Let's read with stress and rhythm!

궁금한 순서에 따라, 강세와 박자에 맞춰, 큰 소리로 읽어 보세요. (그러면 영어가 뚫립니다.)
붉은색으로 칠해진 단어는 강하고 길게 발음합니다.

Peter Addresses the Crowd

14 **Then Peter stood up** with the **Eleven**,
raised his **voice** and **addressed** the **crowd**:
"**Fellow Jews** and **all** of you who **live** in **Jerusalem**,
let me **explain this** to you;
listen carefully to **what** I **say**.
15 **These people** are **not drunk**, as you **suppose**.
It's **only nine** in the **morning**!
16 **No**, **this** is **what** was **spoken** by the **prophet Joel**:
17 "'In the **last days**, **God says**,
I will **pour out** my **Spirit** on **all people**.
Your **sons** and **daughters** will **prophesy**,
your **young men** will **see visions**,
your **old men** will **dream dreams**.

18 **Even** on my **servants**, **both men** and **women**,

I will **pour out** my **Spirit** in **those days**,

and they will **prophesy**.

19 I will **show wonders** in the **heavens above**

and **signs** on the **earth below**,

blood and **fire** and **billows** of **smoke**.

20 The **sun** will be **turned** to **darkness**

and the **moon** to **blood**

before the **coming** of the **great** and **glorious day** of the **Lord**.

21 And **everyone** who **calls** on the **name** of the **Lord**

will be **saved**.'

22 "**Fellow Israelites**, **listen** to **this**:

Jesus of **Nazareth** was a **man**

accredited by **God** to you

by **miracles**, **wonders** and **signs**,

which **God did among** you **through** him,

as you **yourselves know**.

23 **This man** was **handed over** to you

by **God's deliberate plan** and **foreknowledge**;

and you, with the **help** of **wicked men**,

put him to **death** by **nailing** him to the **cross**.

24 But **God raised** him from the **dead**,

freeing him from the **agony** of **death**,

because it was **impossible**

for **death** to **keep** its **hold** on him.

25 **David said about** him:

"'I **saw** the **Lord always before** me.

Because he is at my **right hand**,

I will **not** be **shaken**.

26 **Therefore** my **heart** is **glad** and my **tongue rejoices**;

my **body also** will **rest** in **hope**,

27 **because** you will **not abandon** me to the **realm** of the **dead**,

you will **not let your holy one see decay**.

28 You have **made known** to me the **paths** of **life**;

you will **fill** me with **joy** in your **presence**.'

29 "**Fellow Israelites**,

I can **tell** you **confidently**

that the **patriarch David died** and was **buried**,

and his **tomb** is **here** to **this day**.

30 But he was a **prophet**

and **knew** that **God** had **promised** him on **oath**

that he would **place one** of his **descendants** on his **throne**.

31 **Seeing what** was to **come**,

he **spoke** of the **resurrection** of the **Messiah**,

that he was **not abandoned** to the **realm** of the **dead**,

nor did his **body see decay**.

32 God has raised this Jesus to life,

and we are all witnesses of it.

33 Exalted to the right hand of God,

he has received from the Father the promised Holy Spirit

and has poured out what you now see and hear.

34 For David did not ascend to heaven,

and yet he said,

"'The Lord said to my Lord:

"Sit at my right hand

35 until I make your enemies a footstool for your feet."'

36 "Therefore let all Israel be assured of this:

God has made this Jesus, whom you crucified,

both Lord and Messiah."

37 When the people heard this,

they were cut to the heart

and said to Peter and the other apostles,

"Brothers, what shall we do?"

38 Peter replied,

"Repent and be baptized, every one of you,

in the name of Jesus Christ

for the forgiveness of your sins.

And you will receive the gift of the Holy Spirit.

39 The promise is for you and your children

and for **all** who are **far off** —

for **all** whom the **Lord** our **God** will **call**."

40 With **many other words** he **warned** them;

and he **pleaded** with them,

"**Save yourselves** from **this corrupt generation**."

41 **Those** who **accepted** his **message** were **baptized**,

and **about three thousand** were **added** to their **number that day**.

MEMO

05

The Fellowship of the Believers

34 Acts 2:42-45

[개역개정] 사도행전 2:42-45

그들이 사도의 가르침을 받아 서로 교제하고 떡을 떼며 오로지 기도하기를 힘쓰니라 사람마다 두려워하는데 사도들로 말미암아 기사와 표적이 많이 나타나니 믿는 사람이 다 함께 있어 모든 물건을 서로 통용하고 또 재산과 소유를 팔아 각 사람의 필요를 따라 나눠 주며

Chunk by chunk! 궁금한 순서로 이해해 보세요.

The Fellowship of the Believers

(신자들의 교제)

그들은 전념했습니다 /

They **devoted themselves** /

사도들의 가르침에 그리고 교제에 /

to the **apostles' teaching** and to **fellowship**, /

빵을 떼는 것에 / 그리고 기도에

to the **breaking** of **bread** / and to **prayer**.

모든 사람이 가득 찼습니다 두려움으로 /

Everyone was **filled** with **awe** /

그 많은 놀라운 일들과 표적들에 / 사도들에 의해 행해진

at the **many wonders** and **signs** / **performed** by the **apostles**.

모든 신자들이 함께 있으면서 /

All the **believers** were **together** /

모든 것을 공유했습니다.

and **had everything** in **common**.

그들은 재산과 소유물들을 팔았습니다 /
They **sold property** and **possessions** /

사람들에게 주기 위해서 / 도움이 필요한
to **give** to **anyone** / who had **need**.

Read aloud and memorize!

궁금한 순서를 느끼면서, 박자에 맞춰 큰 소리로 읽고 암송해보세요. (붉은색으로 칠해진 단어는 강하고 길게 발음합니다.)

Words note! 확신이 없는 단어를 체크한 후 쓰면서 익히세요.

☐ **fellowship** [fe'louʃi,p] 교제, 친교

☐ **believer** [bilí:vər] 믿는 사람, 신자

☐ **devote oneself to …** ~에 전념하다, 헌신하다

☐ **teaching** [tí:ʧiŋ] 가르침(교리), 사상

☐ **breaking of bread** 빵을 뗌, 빵을 나눔

☐ **prayer** [prɛər] 기도

☐ **fill with …** ~로 채우다, 가득하게 하다

☐ **awe** [ɔ:] 두려움

☐ **wonder** [wʌndər] 놀라운 일

☐ **sign** [sain] 징조, 표징, 표직

☐ **perform** [pərfɔ́:rm] ~을 행하다, 수행하다

☐ **have … in common** ~을 공유하다

☐ **property** [prάpərti] 재산

☐ **possession** [pəzéʃən] 소유(물)

☐ **need** [ni:d] 빈곤, 궁핍

Trace and write, chunk by chunk.

신자들의 교제

The Fellowship of the Believers

그들은 전념했습니다 /

They devoted themselves /

사도들의 가르침에 그리고 교제에 /

to the apostles' teaching and to fellowship, /

빵을 떼는 것에 / 그리고 기도에

to the breaking of bread / and to prayer.

모든 사람이 가득 찼습니다 두려움으로 /

Everyone was filled with awe /

그 많은 놀라운 일들과 표적들에 / 사도들에 의해 행해진

at the many wonders and signs / performed by the apostles.

모든 신자들이 함께 있으면서 /

All the believers were together /

모든 것을 공유했습니다.

and had everything in common.

그들은 재산과 소유물들을 팔았습니다 /

They sold property and possessions /

사람들에게 주기 위해서 / 도움이 필요한

to give to anyone / who had need.

Remember and write.

신자들의 교제

그들은 전념했습니다 /

사도들의 가르침에 그리고 교제에 /

빵을 떼는 것에 / 그리고 기도에

모든 사람이 가득 찼습니다 두려움으로 /

그 많은 놀라운 일들과 표적들에 / 사도들에 의해 행해진

모든 신자들이 함께 있으면서 /

모든 것을 공유했습니다.

그들은 재산과 소유물들을 팔았습니다 /

사람들에게 주기 위해서 / 도움이 필요한

Remember and write.

35 Acts 2:46-47

[개역개정] 사도행전 2:46-47

날마다 마음을 같이하여 성전에 모이기를 힘쓰고 집에서 떡을 떼며 기쁨과 순전한 마음으로 음식을 먹고 하나님을 찬미하며 또 온 백성에게 칭송을 받으니 주께서 구원 받는 사람을 날마다 더하게 하시니라

Chunk by chunk! 궁금한 순서로 이해해 보세요.

매일 /
Every day /

그들은 계속 모였습니다 / 성전 안뜰에서
they **continued** to **meet together** / in the **temple courts**.

그들은 빵을 떼면서 / 그들의 집에서 /
They **broke bread** / in their **homes** /

같이 먹었으며 / 감사하고 진실한 마음을 가지고 /
and **ate together** / with **glad** and **sincere hearts**, /

하나님을 찬양하고 /
praising God /

누렸습니다 모든 사람들의 호의를
and **enjoying** the **favor** of **all** the **people**.

그렇게 해서 주님께서 더해 주셨습니다 그들의 수에 매일 /
And the **Lord added** to their **number daily** /

사람들을 / 구원을 받는
those / who were being **saved**.

Read aloud and memorize!

궁금한 순서를 느끼면서, 박자에 맞춰 큰 소리로 읽고 암송해보세요. (붉은색으로 칠해진 단어는 강하고 길게 발음합니다.)

Words note! 확신이 없는 단어를 체크한 후 쓰면서 익히세요.

- ☐ **continue** [kəntínju:] 계속 ~하다
- ☐ **meet together** (사람, 그룹 등이) 모이다, 회합하다
- ☐ **break bread** 빵을 떼다, 떼어 나눠주다
- ☐ **sincere** [sinsíər] 진실한, 참된
- ☐ **praise** [preiz] (신을) 찬양하다, 찬미(찬송)하다
- ☐ **enjoy** [indʒɔ́i] ~을 즐기다, 누리다
- ☐ **favor** [féivər] 호의
- ☐ **add to …** ~에 더하다
- ☐ **save** [seiv] 구하다, 구원하다

Trace and write, chunk by chunk.

매일 /

Every day /

그들은 계속 모였습니다 / 성전 안뜰에서

they continued to meet together / in the temple courts.

그들은 빵을 떼면서 / 그들의 집에서 /

They broke bread / in their homes /

같이 먹었으며 / 감사하고 진실한 마음을 가지고 /

and ate together / with glad and sincere hearts, /

하나님을 찬양하고 /

praising God /

누렸습니다 모든 사람들의 호의를

and enjoying the favor of all the people.

그렇게 해서 주님께서 더해 주셨습니다 그들의 수에 매일 /

And the Lord added to their number daily /

사람들을 / 구원을 받는

those / who were being saved.

Remember and write.

매일 /

그들은 계속 모였습니다 / 성전 안뜰에서

그들은 빵을 떼면서 / 그들의 집에서 /

같이 먹었으며 / 감사하고 진실한 마음을 가지고 /

하나님을 찬양하고 /

누렸습니다 모든 사람들의 호의를

그렇게 해서 주님께서 더해 주셨습니다 그들의 수에 매일 /

사람들을 / 구원을 받는

Remember and write.

이어서 말해보기 05

Acts 2:42-47

Let's read with stress and rhythm!

궁금한 순서에 따라, 강세와 박자에 맞춰, 큰 소리로 읽어 보세요. (그러면 영어가 뚫립니다.)
붉은색으로 칠해진 단어는 강하고 길게 발음합니다.

The Fellowship of the Believers

42 They **devoted themselves**
to the **apostles' teaching** and to **fellowship**,
to the **breaking** of **bread**
and to **prayer**.
43 **Everyone** was **filled** with **awe**
at the **many wonders** and **signs performed** by the **apostles**.
44 **All** the **believers** were **together**
and **had everything** in **common**.
45 They **sold property** and **possessions**
to **give** to **anyone** who had **need**.
46 **Every day**
they **continued** to **meet together** in the **temple courts**.
They **broke bread** in their **homes**

and **ate together** with **glad** and **sincere hearts**,
47 **praising God** and **enjoying** the **favor** of **all** the **people**.
And the **Lord added** to their **number daily**
those who were being **saved**.

Appendix

[The Lord's Prayer]

[The Apostles' Creed]

[The Ten Commandments]

The Lord's Prayer

Our Father in heaven,

hallowed be Your name,

Your kingdom come.

Your will be done on earth,

as it is in heaven.

Give us today our daily bread.

Forgive us our debts,

as we also have forgiven our debtors.

And lead us not into temptation,

but deliver us from the evil one.

For Yours is the kingdom, and the power,

and the glory, forever. Amen.

주기도문

하늘에 계신 우리 아버지,

아버지의 이름을 거룩하게 하시며

아버지의 나라가 오게 하시며,

아버지의 뜻이 하늘에서와 같이

땅에서도 이루어지게 하소서.

오늘 우리에게 일용할 양식을 주시고,

우리가 우리에게 잘못한 사람을 용서하여 준 것 같이

우리 죄를 용서하여 주시고,

우리를 시험에 빠지지 않게 하시고,

악에서 구하소서.

나라와 권능과 영광이 영원히 아버지의 것입니다. 아멘.

The Apostles' Creed

I believe in God, the Father Almighty, maker of heaven and earth,

and in Jesus Christ, His only Son, our Lord,

who was conceived by the Holy Spirit, born of the Virgin Mary,

suffered under Pontius Pilate, was crucified, dead, and buried;

He descended into hell; the third day he rose again from the dead;

He ascended into heaven, and is seated at the right hand of God, the Father Almighty;

from thence He shall come to judge the quick and the dead.

I believe in the Holy Spirit, the holy universal church, the communion of saints, the forgiveness of sins, the resurrection of the body, and the life everlasting.

Amen.

사도신경

나는 전능하신 아버지 하나님, 천지의 창조주를 믿습니다.

나는 그의 유일하신 아들, 우리 주 예수 그리스도를 믿습니다.

그는 성령으로 잉태되어 동정녀 마리아에게서 나시고,

본디오 빌라도에게 고난을 받아 십자가에 못 박혀 죽으시고,

장사된 지 사흘 만에 죽은 자 가운데서 살아나셨으며,

하늘에 오르시어 전능하신 아버지 하나님 우편에 앉아 계시다가,

거기로부터 살아있는 자와 죽은 자를 심판하러 오십니다.

나는 성령을 믿으며, 거룩한 공교회와 성도의 교제와

죄를 용서받는 것과 몸의 부활과 영생을 믿습니다.

아멘.

The Ten Commandments

1. You shall have no other gods before me.
2. You shall not make for yourself an idol in the form of anything, and you shall not bow down to them or worship them.
3. You shall not misuse the name of the Lord your God.
4. Remember the Sabbath day by keeping it holy.
5. Honor your father and your mother.
6. You shall not murder.
7. You shall not commit adultery.
8. You shall not steal.
9. You shall not give false testimony against your neighbor.
10. You shall not covet your neighbor's belongings.

십계명

1. 너희는 내 앞에서 다른 신들을 섬기지 못한다.
2. 너희는 어떤 것이든지 그 모양을 본떠서 우상을 만들지 못한다.
   너희는 그것들에게 절하거나, 그것들을 섬기지 못한다.
3. 너희는 주 너희 하나님의 이름을 함부로 부르지 못한다.
4. 안식일을 기억하여 그 날을 거룩하게 지켜라.
5. 너희 부모를 공경하여라.
6. 살인하지 못한다.
7. 간음하지 못한다.
8. 도둑질하지 못한다.
9. 너희 이웃에게 불리한 거짓 증언을 하지 못한다.
10. 너희 이웃의 소유물들을 탐내지 못한다.

MEMO

MEMO

젭스의 영어성경 암송 시리즈
[@젭스 유튜브 채널의 정철선생 특강 교재]

성경말씀 영어로 암송하기
유명한 성경 구절별 암송 교재

YouTube
정철 직강

요한복음 영어로 암송하기
총 21장으로 구성된 요한복음 전체를
영어로 암송할 수 있도록 해주는 교재

YouTube
정철 직강

요한일서 영어로 암송하기
총 5장으로 구성된 요한일서 전체를
영어로 암송할 수 있도록 해주는 교재

YouTube
정철 직강

야고보서 영어로 암송하기
총 5장으로 구성된 야고보서 전체를
영어로 암송할 수 있도록 해주는 교재

YouTube
정철 직강

요나서 영어로 암송하기
총 4장으로 구성된 요나서 전체를
영어로 암송할 수 있도록 해주는 교재

YouTube
정철 직강

산상수훈 영어로 암송하기
총 2장으로 구성된 산상수훈 전체를
영어로 암송할 수 있도록 해주는 교재

YouTube
정철 직강

요셉이야기 영어로 암송하기
총 22장으로 구성된 요셉이야기 전체를
영어로 암송할 수 있도록 해주는 교재

YouTube
정철 직강